陕西省中等职业学校专业骨干教师培训系列教材

高星级饭店运营与管理

赵　辉　编著

西安电子科技大学出版社

内 容 简 介

本书以职业能力为本位，以职业实践为主线，以项目课程为主体，按照模块化专业课程体系编写，其内容与"高星级饭店运营与管理专业教师能力标准"相对应。全书分为五个项目，即前厅服务与管理、客房服务与管理、餐饮管理、宴会设计、酒水品鉴与调酒。每个项目下设有模块，每一模块由若干任务组成，每一任务由学习任务说明、课前准备、相关理论知识和技能实战训练等部分组成。

本书可供中等职业学校酒店管理类专业教师培训使用，也可供职业院校相关专业教学使用，还可供酒店的管理人员参考。

图书在版编目（CIP）数据

高星级饭店运营与管理 / 赵辉编著 . — 西安：西安电子科技大学出版社，2016.5（2021.9重印）

ISBN 978-7-5606-4085-3

Ⅰ . ①高… Ⅱ . ①赵… Ⅲ . ①饭店—运营管理—中等专业学校—教材 Ⅳ . ① F719.2

中国版本图书馆 CIP 数据核字（2016）第 083431 号

策划编辑　李惠萍
责任编辑　李惠萍　刘芳芳
出版发行　西安电子科技大学出版社（西安市太白南路 2 号）
电　　话　（029）88202421 88201467　　　　　邮　　编　710071
网　　址　www.xduph.com　　　　　电子邮箱　xdupfxb001@163.com
经　　销　新华书店
印刷单位　广东虎彩云印刷有限公司
版　　次　2016 年 5 月第 1 版　　2021 年 9 月第 2 次印刷
开　　本　787 毫米 ×1092 毫米　1/16　印　张　11.5
字　　数　263 千字
印　　数　1001 ～ 1500 册
定　　价　27.00 元

ISBN 978-7-5606-4085-3/F

XDUP 4377001-2

***** 如有印装问题可调换 *****

序　言

教育之魂，育人为本；教育质量，教师为本。高素质高水平的教师队伍是学校教育内涵实力的真正体现。自"十一五"起，教育部就将职业院校教师素质提升摆到十分重要的地位，2007年启动《中等职业学校教师素质提高计划》，开始实施中等职业学校专业骨干教师国家级培训；2011年印发了《关于实施职业院校教师素质提高计划的意见》《关于进一步完善职业教育教师培养培训制度的意见》和《关于"十二五"期间加强中等职业学校教师队伍建设的意见》。我省也于2006年率先在西北农林科技大学开展省级中等职业学校专业骨干教师培训，并相继出台了相关政策文件。

2013年6月，陕西省教育厅印发了《关于陕西省中等职业教育专业教师培训包项目实施工作的通知》，启动培训研发项目。评议审定了15个专业的研究项目，分别是：西安交通大学的护理教育、电子技术及应用，西北农林科技大学的会计、现代园艺，陕西科技大学的机械加工技术、物流服务与管理，陕西工业职业技术学院的数控加工技术、计算机动漫与游戏制作，西安航空职业技术学院的焊接技术及应用、机电技术及应用，陕西交通职业技术学院的汽车运用与维修、计算机及应用，杨凌职业技术学院的高星级饭店运营与管理、旅游服务与管理，陕西学前师范学院的心理健康教育。承担项目高校皆为省级以上职教师资培养培训基地，具有多年职教师资培训经验，对培训研发项目高度重视，按照项目要求，积极动员力量，组建精干高效的项目研发团队，皆已顺利完成调研、开题、期中检查、结题验收等研发任务。目前，各项目所取得的研究报告、培训方案、培训教材、培训效果评价体系和辅助电子学习资源等成果大都已经用于实践，并成为我们进一步深化研发工作的宝贵经验和资料。

本次出版的"陕西省中等职业学校专业骨干教师培训系列教材"是培训包的研发成果之一，具有四大特点：

一是专业覆盖广，受关注度高。八大类15个专业都是目前中等职业学校招生的热门专业，既包含战略性新兴产业、先进制造业，也包括现代农业和现代服务业。

二是内容新，适用性强。教材内容紧密对接行业产业发展，突出新知识、新技能、新工艺、新方法，包括专业领域新理论、前沿技术和关键技能，具有很强的先进性和适用性。

三是重实操，实用性强。教材遵循理实并重的原则，对接岗位要求，突出技术技能实践能力培养，体现项目任务导向化、实践过程仿真化、工作流程明晰化、动手操作方便化的特点。

四是体例新，凸显职业教育特点。教材采用标准印制纸张和规范化排版，体例上图文并茂、相得益彰，内容编排采用理实结合、行动导向法、工作项目制等现代职业教育理念，思路清晰，条块相融。

当前，职业教育已经进入了由规模增量向内涵质量转化的关键时期，现代职业教育体系建设，大众创业、万众创新，以及互联网＋，中国制造 2025 等新的时代要求，对职业教育提出了新的任务和挑战。着力培养一支能够支撑和胜任职业教育发展所需的高素质、专业化、现代化的教师队伍已经迫在眉睫。本套教材是广大从事职业教育教学工作人员在实践中不断探索、总结编写而成的，它既是智慧的结晶，也是教学改革的成果。这套教材将作为我省相关专业骨干教师培训的指定用书，也可供职业技术院校师生和技术人员使用。

教材的编写和出版在省教育厅职业教育与成人教育处和省中等职业学校师资队伍建设项目管理办公室精心组织安排下开展，得到省教育厅领导、项目承担院校领导、相关院校继续教育学院（中心）及西安电子科技大学出版社等单位及个人的大力支持，在此我们表示诚挚的感谢！希望读者在使用过程中提出宝贵意见，以便我们进一步完善。

陕西省中等职业学校专业骨干教师培训系列教材

编写委员会

2015 年 11 月 22 日

陕西省中等职业学校专业骨干教师培训系列教材

《高星级饭店运营与管理》编写人员

主　编：赵　辉

副主编：李小明　　王晓娟　　袁晋锋　　刘燕威

前　言

长期以来，我省中等职业学校高星级饭店运营与管理专业骨干教师培训都采用传统学科型模式进行课程设置，这导致了课程内容与职业实践相脱节，极大地限制了教师职业能力的提升。为此，我们组织编写了这本中等职业学校高星级饭店运营与管理专业教师培训教程。

本书以中职教师职业能力为本位，以职业实践为主线，以项目式课程为主体，遵循模块化专业课程教学体系，其内容与"高星级饭店运营与管理专业教师能力标准"相对应。全书分为五个项目，即前厅服务与管理、客房服务与管理、餐饮管理、宴会设计、酒水品鉴与调酒。每个项目下设有多个模块，每一模块由若干任务组成，每一任务由学习任务说明、课前准备、相关理论知识和技能实战训练等部分组成。书末为学员提供了一个教学设计示例。

本书具有以下特点：

（1）注重实用。关注教师知识与技能的薄弱点与教学的需求点，体现专业领域普遍应用的、成熟的核心技术与关键的职业技能。

（2）系统简明。以高星级饭店运营与管理专业核心能力为线索，对饭店前厅、客房、餐饮、宴会、酒吧等关键职业能力进行了系统的阐述。

（3）体例新颖。本书在编写上打破传统体例，创新性地在每个任务中设置任务说明、课前准备、相关理论知识等部分内容，帮助学员较好地掌握教学内容的难点与重点。

（4）理实一体化。每个项目中不仅有理论知识点，而且还有技能实战训练指导，跳出传统教材重理论、轻实践的模式，着力培养和提升中职教师的实践教学能力，实现理论与实践一体化。

（5）示例引导。教学设计是根据教学对象和教学目标，确定合适的教学起点与终点，将教学诸要素进行有序、优化的安排，形成教学方案的过程。本书附录部分的教学设计示例可以帮助学员加深对教学设计的理解。

本书由杨凌职业技术学院赵辉担任主编，李小明、王晓娟、袁晋锋、刘燕威担任副主编。赵辉负责为本书设定体例、编写大纲和编写要求，并负责全书的统稿和定稿。具体编写分工如下：赵辉负责编写项目一、李小明负责编写项目三、王晓娟负责编写项目二、刘燕威负责编写项目四、袁晋锋负责编写项目五。在此对在本书的编写与出版过程中付出辛勤劳动的各位老师致以诚挚的谢意。

由于编者水平有限，书中若有疏漏及不当之处，恳请专家、同行及广大读者批评指正，以便我们今后修订完善。

编　者

2016 年 2 月

目　录

项目一

前厅服务与管理

模块一　前厅设计

任务一　前厅部组织设计

一、学习任务说明

学习目标

★知识目标：（1）认识前厅部在现代饭店经营管理中的基本功能和重要地位。

（2）了解前厅部的组织机构设置与主要管理岗位的职责。

（3）理解前厅设计和组织机构设置的原则。

★技能目标：能画出组织结构图。

★素质目标：培养应变能力、探索精神、团队协作的精神和语言表达能力。

学习结果

对该内容的学习，要求学员在讨论之后，能够独立为特定酒店进行前厅组织机构设置，能够画出组织结构图，并进行说明。

重点及难点

教学重点：前厅设计和组织机构设置的原则。

教学难点：前厅设计和组织机构设置的原则。

二、课前准备

（1）物品准备：教学视频、笔、纸。

（2）场地准备：前厅实训室、多媒体教室。

（3）分组安排：每组 4～5 人，选出一名组长。

三、相关理论知识

（一）前厅部属性

1. 目标与任务

（1）销售客房。

（2）前厅服务。

【特别提示】"大前厅服务"理念的核心思想是：在完成前厅各项服务过程中，促使前厅服务与饭店其他服务，诸如客房服务、餐饮服务、安全服务等方面共同构成饭店的整体服务，表现为"服务链条"的紧密衔接，避免推诿、"扯皮"或"踢皮球"等现象的发生，强调"服务到位"，使客人满意、并对饭店留下深刻的印象。

（3）提供信息。

（4）协调沟通。

（5）控制房况。

（6）建立客账。

【特别提示】　前台可在客人预订客房时商定并建立客账（收取订金或预付款），也可以在客人办理入住手续时建立客账。在提供了客人累计消费额和信用资料的基础上，前台账务部门按服务程序和饭店财务政策约定，与相关部门或各营业点协调沟通，及时登账，迅速、快捷地为客人办理离店结账手续，主动征求客人意见，使客人满意而去。

（7）客史建档。

（8）辅助决策。

2. 地位和作用

（1）饭店的"门面"和"橱窗"。

（2）信息集散的枢纽和中心。

（3）客务关系的纽带和桥梁。

（4）管理机构的代表和参谋。

（二）前厅部机构设置

1. 机构设置原则

（1）机构组成。

前厅部的组织机构要根据饭店企业的类型、体制、规模、星级、管理方式、客源特点等方面因素进行设置。前厅部组织机构一般由以下部分组成：部室、预订、问询、接待、礼宾、结账、大堂副理、商务（行政）楼层、电话总机、商务中心。

另外，通常在前厅还设有其他非饭店所属的服务部门，如银行驻店机构、邮政驻店机构、旅行社分社驻店机构、民航以及其他交通部门驻店机构等，以完善饭店不同服务功能需求。

（2）机构设置原则。

① 因店而异的原则。

② 因事设岗、因岗定人、因人定责的原则。

③ 明确隶属关系的原则。

④ 协作便利的原则。

2. 机构设置特点

前厅部机构的设置主要依据饭店规模及功能需要而定，设置要符合饭店管理方式要求。

（1）系统化模式特点。

（2）系统化动作特点。

（3）我国饭店前厅部组织机构设置。小型饭店前厅部组织机构较简单，部分小型饭店不设前厅部，由客房部经理管理总服务台，也可以把前厅部与销售部或公关部合并。有些饭店前厅部部门经理之下服务员之上只设主管或领班一层。有些大型饭店前厅部设立了专职收银员，而前厅收银员在大多数大中型饭店隶属于财务部，但有与前厅接待员合并成一个工种并隶属于前厅部的趋势（如，象山港国际大酒店的总台收银隶属于前厅总台）。大堂副理一般为主管级或领班级员工，有的饭店直属于总经理或住店经理管辖。大型饭店的大堂副理往往设3人以上，其中1人负责管理其他的大堂副理，此人常常被称为大堂经理。有的饭店还设立宾客关系主任（Guest Relation Officer）取代大堂副理，而此种情况下大堂副理通常被称为高级宾客关系主任（Senior Guest Relation Officer）。大型饭店前厅部组织机构较复杂，以上有关前厅部机构设置的内容，就是"简单结构"和"金字塔式的复杂结构"及"许多层级"的由来。至于在饭店实际管理中确实存在的"这些不断增加的层级"，其实并没有起到太大的增加效益的作用，而且还"相应地带来了一些问题"。

3. 主要机构及业务分工

饭店规模、等级不同，前厅部业务分工也不同，但一般设有以下主要机构：

（1）预订处（Reservation）。

（2）接待处（Reception）。

（3）问讯处（Information）。

（4）礼宾部（Concierge）。

（5）电话总机（Telephone Switch Board）。

（6）商务中心（Business Centre）。

（7）收银处（Cashier）。

（8）客务关系部（Guest Relations Department）与大堂副理（Assistant Manager）。

4. 岗位设置的标准化及原则

（1）标准化。前厅接待服务岗位的作业区可以划分为店外区域和店内区域。

（2）原则。制定前厅岗位职责的原则是坚持"三化"，即责任明确化、任务具体化、操作程序化。

5. 前厅部发展趋势

（1）手续简单，服务快捷。

（2）程序简化，强调规范。

（3）培训重点转移。

（4）追求零缺陷服务。

（5）人数少而精，工种趋于减少。

四、技能实战训练

各小组准备好所需用品，按照讲授课程的要求，通过案例分析，分组讨论针对不同规模、不同类型的酒店前厅部该如何进行组织机构设置，最后能够独立画出特定酒店的组织结构图，并进行说明。

任务二 前厅部功能布局

一、学习任务说明

学习目标

★知识目标：（1）了解前厅环境设计与控制的基本要求。

（2）了解前厅设计原则。

（3）掌握前厅功能布局和设施设备的配置。

★技能目标：（1）能对特定酒店的前厅环境作出评价。

（2）能对特定酒店的前厅功能布局和设施设备配置作出评价。

★素质目标：培养应变能力、探索精神、团队协作的精神和语言表达能力。

学习结果

对该内容的学习，要求学员在讨论之后，能够独立对特定酒店前厅环境、功能布局和设施设备配置作出评价，并说明原因。

重点及难点

教学重点：前厅设计的原则。

教学难点：前厅功能布局和设施设备的配置。

二、课前准备

（1）物品准备：教学视频、笔、纸。

（2）场地准备：前厅实训室、多媒体教室。

（3）分组安排：每组 4～5 人，选出一名组长。

三、相关理论知识

（一）前厅布局

1. 前厅布局规范

（1）前厅布局平面认知。

因饭店档次、饭店类型及经营理念、管理模式和文化背景等不同因素的影响，前厅设施及其布局在一定程度上会有所不同（参观酒店时请注意观察）。

（2）前厅设计的原则。

① 安全与舒适。

② 分区与渐变。

③ 美观与方便。

④ 管理与效益。

⑤ 特色与绿色。

（3）前厅设计的依据。

① 饭店的形象定位。前厅设计要依据 CS、CI 的理论和方法，完成饭店形象的定位，以使客人青睐饭店。

② 饭店的投资规模及建筑结构。

③ 饭店的经营理念及特色。

（4）前厅布局的规范。

① 大门的正门与边门功能有别。

② 大门的外部区域布局有方。

③ 厅堂面积和门外空间合乎星级评定标准。

④ 公共设施设备齐全质高。

⑤ 人员流向通道设计合理。

⑥ 公共信息图形及标志规范醒目。

2. 总台功能标准及管理方式

（1）总台功能与位置。

总服务台（简称总台）是为客人提供入住登记、问讯接待、查询服务、离店结账、外币兑换、联系协调等前厅服务的代表接待机构。为了方便客人，总台一般都设在饭店首层前厅。

总台的中轴线一般与客人进出饭店大门的直线通道垂直或平行。这样陈设的目的是为了使客人容易找到总台，也是为了使不能随意离开总台的服务员及时观察到整个前厅出入口、电梯、大堂咖啡厅、客人休息区等处的客人活动以及门外车辆的进出停靠情况，便于迎送客人、接待服务和协调业务。

（2）总台型制与规格标准。

总台常见的型制有中心长台型、侧向长台型和分立圆台型三种。

总台的大小，应根据饭店前厅面积的大小、客房数量的多少及饭店接待工作的需要来确定。总台高度一般为 1.2～1.3 米，台面宽度为 0.45～0.6 米左右。总台内侧设有工作台，其高度一般为 0.75～0.85 米，台面宽度为 0.6 米左右。总台内侧与墙面之间，通常有 1.2～1.8 米的距离，用于接待人员通行。

各饭店的类型、位置不同，建筑格局、客源结构、管理体制以及文化特色的许多方面存在差异，因此，总服务台的管理方式也有所不同。一般而言，有以下三种：功能分设式总台；功能组合式；综合式。

座式前台［资料］

近几年，有些国内饭店在设计时为突出饭店的经营特色和提高服务档次，于是借鉴国外一些著名饭店的"座式前台"理念，一改常见的站立式前台服务模式，让客人坐下来，同时前台服务员也采用坐式提供服务，显得颇有亲切感。但是，应该注意以下几点：

（1）"座式前台"一般适合于大型休闲度假饭店、城市饭店或高级公寓式饭店，尤其是有信用卡自动结算功能的先进饭店。

（2）"座式前台"的数量、大小、位置、角度都与饭店的性质、规模、风格有关。

（3）"座式前台"是一个完整的工作单元，由接待、服务、客位、等候休息、资料保管等部分组成，不是简单的"桌椅组合"。

（4）"座式前台"设计与大堂规划密切相关，对前台、财务室、结账台、客人休息区、贵重物品保管室的布局都会产生影响，须统一布置。

（5）"座式前台"对前台接待人员的操作技能、职业素养以及办理入住和结算的速度、计算机的配置等要求很高，一般适用于由专业饭店管理公司管理的饭店。

（资料来源：徐文苑，严金明.饭店前厅管理与服务.北京：清华大学出版社，北京交通大学出版社，2004）

（二）前厅环境设置与营造

1. 环境设置

（1）光线。

前厅内要有适宜的光线，要能使客人在良好的光线下活动，使员工在适当的光照下工作。总服务台上方的光线不能太暗或太亮，不能直接照在客人或服务员的脸上，使他们睁不开眼睛，也不能把阴影留在服务员的脸上，造成服务员工作不便或微笑服务变形。

（2）色彩。

前厅环境的好坏，还受到前厅内色彩搭配的影响。前厅内客人主要活动区域的地面、墙面、吊灯等应以暖色调为主，以烘托出豪华热烈的气氛，色彩搭配应与前厅的服务环境相协调。在客人休息的沙发附近，色彩应略冷些，给人以宁静、平和的心境。总之，前厅内的色彩搭配应能适应服务员工作和客人休息对环境的要求，创造出前厅特有的安静、轻松的气氛。

（3）温度、湿度与通风。

前厅要有适当的温度和湿度。饭店通过单个空调机或中央空调，一般都可以把大厅温度维持在人体所需的最佳状态，一般是 22℃～24℃，再配以适当的湿度（40%～60%），整个环境就比较宜人了。

前厅内人员集中，密度大，耗氧量大，如通风不畅，会使人感到气闷、压抑，因此，应使用性能良好的通风设备及空气清新剂等，以改善大厅内的空气质量，使之适合人体的要求。

通常高星级饭店大厅内风速应保持在 0.1～0.3 米/秒，大厅内新风量一般不低于 160 立方米/人·小时。大厅内的废气和污染物的控制标准是：一氧化碳含量不超过 5 毫克/立方米；二氧化碳含量不超过 0.1%；可吸纳颗粒物不超过 0.1 毫克/立方米；细菌总数不超过 3000 个/立方米。

（4）声音。

在建造前厅时，应考虑使用隔音板等材料以降低噪音。饭店员工工作交谈时声音应尽量轻些，有时甚至可以使用一些体态语言，代替说话进行沟通（如用手势招呼远处的同事）。要尽量提高工作效率，使客人在高峰时间不长久滞留于大厅，破坏大厅安静的气氛。对来店参观、开会、购物、用餐的客人，必要时也应劝告他们说话低声些。饭店应尽可能播放轻松、动听的背景音乐，以减少噪音对客人的骚扰。

2. 氛围营造

前厅要努力营造雅而不俗、井然有序、温馨愉悦的氛围。具体表现在以下几点：

（1）装饰艺术应突出饭店文化。

大堂装饰设计主题要富于创意，装饰格调高雅，讲究工艺，还要借助于各种艺术手法，为前厅服务提供与饭店经营风格和谐一致、相得益彰的环境条件。

（2）前厅服务员应举止文明。

前厅服务员穿戴制服整洁、大方、庄重，站姿、坐姿、行姿规范，操作轻、准、快，说话轻声细语，敬语不离口。

（3）前厅服务员应始终微笑待客。

微笑是最重要的体态语言，微笑最具沟通性。前厅服务员要让客人时时处处感受到亲切和热情，而微笑是最基本的服务要求。

（4）前厅服务员应注重服务效率。

前厅服务员应该有求必应、有问必答，要主动观察，注意揣摩客人心理，做到真诚待客，言而有信，对客人的每一次承诺都要全力实现。另外，配合前厅的建筑设计特色和装饰艺术风格，随着季节、气候变化和活动需要适时调换花卉品种，以及配置适当的工艺摆件、挂件，烘托出服务氛围的整体感和艺术感。

（三）前厅设备认知

前厅部对客服务的运作效率在很大程度上依赖于所配备的设备状况。随着计算机的应用及其功能的不断开发和完善，越来越多的饭店前厅部配置了计算机设备，这样既节省了总台服务空间，扩充了服务信息，又加快了服务节奏，提高了运转效率，同时也大大减轻了总台人员的工作量。在传统运作的饭店，前厅部对客服务还借助于手工操作，必备设备主要有以下：

（1）客房状况显示架（Room Status Rack）。

（2）客房预订显示架（Room Reservation Rack）。

（3）问讯架（Information Rack）。

（4）钥匙、邮件架（Key and Mails Rack）。

（5）备用钥匙架（Extra-key Rack）。

（6）贵重物品保险箱（Safety-deposit Box）。

（7）客史档案柜（Guest History File）。

（8）打时机（Time Stamper）。

（9）账单架（Guest Folio Rack）。

（10）电话总机设备（Telephone Exchange Equipment）。

（11）其他设备（Other Equipment）。

前厅部除拥有上述设备外，还应配备行李组设备（如行李车、伞架、供残疾人专用的轮椅等）、简介架（Brochure Rack）、登账机（Cash Register）、信用卡刷卡机、货币识别机、电话机、电传机、传真机、复印机及各类文件柜等。前厅部设备、物品必须明确定位，便于对客服务。

四、技能实战训练

各小组准备好所需工具，根据所讲解内容，通过案例分析，要求学员在讨论之后，能够独立为特定酒店前厅环境、功能布局和设施设备配置作出评价，并说明原因。

模块二 前厅对客服务

任务一 前厅预订服务

一、学习任务说明

学习目标

★知识目标：（1）掌握客房预订的类别、基本流程和操作方法。

　　　　　　（2）掌握确认或婉拒预订服务技能。

　　　　　　（3）掌握预订变更的方法。

★技能目标：（1）能完成各种预订服务。

　　　　　　（2）能填写预订确认函和写婉拒书。

　　　　　　（3）能完成取消预订服务。

学习结果

通过对该内容的学习，要求学员能够独立完成客房预订、确认或婉拒以及客房变更服务。

重点及难点

教学重点：客房预订的类别、基本流程和操作方法。

教学难点：客房预订的类别、基本流程和操作方法。

二、课前准备

（1）物品准备：教学视频、电脑、饭店 PMS 机、打印机、散客预订单、团队预订单、预订确认函、婉拒信、电话机、POS 机等。

（2）场地准备：前厅实训室。

（3）分组安排：每组 4～5 人，选出一名组长。

三、相关理论知识

（一）预订前准备

（1）检查仪表仪容。

（2）做好交接班。

（3）整理环境。

（4）备好报表、表格、收据。

（5）掌握房价。

• 标准价（Rack Rate）。

• 团队价（Group Rate）。

• 小包价（Package Plan Rate）。

• 折扣价（Discount Rate）。

• 商务合同价（Commercial Rate）。

• 免费（Complimentary）。

• 白天租用价（Day Use Rate）。

（6）熟悉房型。

• 单人间（Single Room）。

• 双人间（大床间，Double Room）。

• 标准间（双床间，Twin Room）。

• 三人间（Triple Room）。

• 商务间（Business Room）。

• 双套间（Standard Suite）。

• 多套间（Multiple Suites）。

• 立体套间（Duplex suite）。

• 豪华套间（Deluxe Suite）。

• 总统套间（Presidential Suite）。

（7）掌握计算机预订操作流程。

（二）预订受理

1. 电话受理

在接收电话预订时，应该边接听电话，边做记录，并在通话结束时向客人核对主要订房内容，以免出现差错。

（1）接听电话。

（2）问候通报。

（3）聆听需求。

（4）介绍房型与价格。

（5）询问付款方式。

（6）询问抵达情况。

如果不能及时地满足客人的订房要求，应该向客人致歉，同时请客人留下联系方式，告知客人，一旦有条件时马上与之取得联系，并大致确定下次通话时间。

2. 电传、传真（书面）受理

接收传真预订时应该做到及时向客人复信，越早越能赢得客人的好感，使客人在抵店前就形成对饭店服务、形象的认可，便于饭店今后服务的顺利进行。一般饭店规定在 24 小时内一定要给予客人复信，并使用打时机或时间戳。复信时应该让客人感到信件是专门为他（她）所写，应特别注意信头称谓得当，并保证书写正确。对客人来信中提出的要求，一定要给予具体的答复，即使不能满足的要求也一定要婉转地表示歉意，谦恭有礼。

（1）接收电传／传真。

（2）核查判断。

（3）主管签字确认。

（4）回发电传／传真。

（5）存档记录。

电传／传真方便、快捷、准确、正规，目前电传／传真预订是客人与饭店进行预订联系最常用的通讯手段之一，即发即收，内容详尽，并可传递客人的真迹，加签名、印鉴等，还可以传递图表，其作为预订原始资料保存下来之后不容易出现预订纠纷。

3. 互联网受理

目前世界上最先进的订房方式就是使用国际互联网，它非常方便客人订房，同时这种方式还能够极大地提高预订工作效率。随着计算机的使用者越来越多，许多客人开始采用这种方便、快捷、先进、廉价的方式进行客房预订。

（1）获悉信息。

（2）确认判断。

（3）及时回复。

在开展网络预订工作时，每天定时打开饭店网络系统，搜寻预订信息，详细记录客人预订客房的种类、人数、姓名、性别、何时到达、何时离店、联系方式等信息，按照客人要求查看是否能够给予满足。如有符合客人要求的房间，则做好相应的记录；如不能满足客人的订房要求，应尽快与客人取得联系，与其沟通协调，积极介绍饭店其他类型的客房。如果预订时间与客人抵店时间相差较远，一般在客人抵店日期前 10 天，给客人回复确认预订的回函。

4. 当面（散客）受理

对于客人的当面预订，订房员应正确书写客人的姓名，必要时请客人自己书写。

（1）了解需求。

（2）填写预订单。

（3）确认预订。

（4）告别客人。

5. 团队受理

团体预订资料应至少提前一天交到接待处，以便接待员提前进行分房。切莫忘记确认付款方式。

（1）接受预订。

（2）明确团情。

（3）核查信息。

（4）复述确认。

（5）记录存放。

（三）预订确认

1. 临时性预订（口头确认）

临时性预订（Advanced Reservation）是客人在即将抵达饭店前很短的时间内或在到达的当天联系订房。在这种情况下，没必要给客人确认书，同时也无法要求客人预付定金，所以采取口头确认（包括电话确认）；口头确认最主要的是跟客人强调清楚"取消订房时限"——晚上6:00未到达，该预订即被取消。当天临时性订房通常由总台接待处受理，因为接待处比其他部门更了解饭店当天客房的出租情况。

2. 确认性预订（书面确认）

确认性预订（Confirmed Reservation）通常指在饭店与客人之间就房价、付款方式、取消条款等声明达成了正式的协议，并以书面形式确认过的预订。通常，确认书应在预订员收到书面预订凭证24小时内发出，对团体客人至少应在客人动身前一周把确认书寄到客人手中。当客人的订房要求与实际入住时间相差较长时，通常要发确认函，进行书面确认。对于持有确认函来店的客人，可以给予较高的信用。对于确认类预订，饭店依然事先声明为客人保留客房至某一具体时间，过了规定时间，客人如未抵店，也未与饭店联系，则饭店有权将客房出租给其他客人。

（1）重申订房要求。重申客人的订房要求，包括客人姓名、人数、抵店和离店时间，房间类型和数量等，双方就付款方式、房价问题达成的一致意见。

（2）声明饭店规定。声明饭店取消预订的规定：未付定金或无担保的订房只能保留到客人入住当天晚上的6:00，对客人选择本店表示感谢。

（3）签名寄发。预订员或主管在预订书上签名、注明日期，并及时邮寄给客人。

对于重要客人的确认函，一般要由前厅部经理或饭店总经理签发，以示对客人的尊重。随着现代通讯的日益发达，书面确认的方式逐步被电话和电子邮件（E-mail）所取代。

3. 保证性预订

保证类预订（Guaranteed Reservation）指客人保证前来住宿，否则将承担经济责任，而饭店在任何情况下都应保证落实的预订。对于保证类预订，饭店无论如何都应保证只要客人一到就为其提供房间或代找一间条件相仿的房间。

（1）收取预付定金。

（2）以信用卡索取房费。

（3）签订协议合同。

4. 婉拒预订

当客人的订房要求不能满足时，预订员应该向客人积极介绍其他与客人要求相近类型的房间，切不可直接拒绝。如果客人还是不能答应，则应想办法与客人协调，主动提出一系列可供客人选择的建议，建议客人重新选择来店日期或改变住房类型、数量。

（1）查看报表。

（2）提出建议。

（3）寄致歉信。

（4）整理资料。

（四）客人抵店前准备

1. 核对次日抵店客人预订内容

（1）核对散客预订主要内容。

- 预抵店客人姓名、单位（公司）、国籍（地区）。
- 预订房间种类、价格、间数。
- 预抵店日期、时间和预离店日期、时间。
- 预订种类（是否保证性预订等）。
- 付款方式及预付定金。
- 联系单位（公司）及电话、传真等。
- 是否有安排接送等特殊要求。

（2）核对团队／会议预订主要内容。

- 预抵店团队／会议团号、单位（旅行社等）。
- 预订房间种类、价格、间数、人数。
- 预抵店日期、时间和预离店日期、时间。
- 付款方式及接待单位（旅行社）承担付款范围和项目。
- 团队／会议客人中是否有夫妇、儿童等。
- 接待单位（旅行社）及电话、传真等。
- 是否有加床等特殊要求。
- 用餐安排、取送行李安排等。

（3）填写、使用和审核相关表单。

- 填写／打印次日抵店客人名单、团队接待通知单、会议接待通知单。
- 审核：所选报表是否正确，填写项目是否齐全，文字表述是否清楚，日期、时间、数量等是否准确，呈报批复手续是否完备。

主管审核无误后，按前厅服务管理规定的时间和方式分送至各个相关部门。

- 散客中既有已办理预订的客人，也有未办预订、直接抵店的客人。团队客人几乎都是预先办理客房预订。
- 发现预订有更改记录，须将原始订房单与变更单相关内容进行核对，或与相关记录进行核对。发现预订被取消，须与预订取消记录簿的相关内容进行核对，或与计算机记录进行核对。
- 由于更改或取消预订的时间与客人抵店时间间隔很短，再做补充预订已来不及，所以应立即将更改内容或取消预订的通知传达至前台。

2. 预分排房

客房分配应根据饭店的空房类型、数量及客人的预订要求和客人的具体情况进行。在客人到达前一天晚上，要检查预订客人的房间是否已准备好，避免出现遗漏或差错。

为此，分房工作人员应事先做好相应的准备工作。在进行分房操作时，为了提高客人的满意度及提高饭店的住房率，分房时应讲究一定的技巧。

（1）分房准备。

- 核对客房销售状况：当天可销售的客房数＝可供出租客房数－昨日占用房数＋今日

离店房间数－预订房间数－维修房数（当然还要针对实际的变化情况进行调整，如延期离店等）。

•了解房态：住客房、走客房、空房、长住房、待修房等。

•确定分房顺序：团队客人—重要客人—已付定金等保证类预订客人—要求延期离店客人—普通预订客人（并有准确航班号或抵达时间）—常住客人—无预订散客。

（2）分房技巧。

•团体客人或会议客人应尽量安排在同一楼层或相近的楼层。

•行动不方便或带小孩的客人应尽量安排在离电梯和服务台较近的房间。

•内、外宾不宜安排在同一楼层。

•对VIP客人应安排在同类客房中最好的房间。

•常客和有特殊要求的客人应给予特殊的照顾。

•敌对国家的客人不应安排在同一楼层或相近的房间。

（3）核对预订单。核对次日到达饭店的客人预订单，通常在前一天的下午由预订员按客人姓氏字母顺序整理并移交给接待员，再由接待员或夜间值班员将预订单按房间类型和住房费的不同分别核对每位客人预订的客房数。

（4）整理空房卡。

•按房间类型、住房费的不同分别整理，并放在空房卡卡片箱中保管。

•核对房卡架、检查客人的预抵店日期。

•核对插在房卡架上的抵达登记卡与离店日期。

•对照已预订的客房与可出租的客房数目。

•根据预订单，按客房类型和费用，计算出已被预订了的客房数目，另外再根据空房卡，按客房类型和费用，计算出可以出租的客房数目。

•注意房间号码的忌讳。

•经营淡季可集中使用几个楼层的房间。

•客房分配一般在客人到达前一天进行，有时也在客人办理住宿手续时进行。

•计算出已被预订了的客房数目和可以出租的客房数目，是为了在确保已被预订的客房的同时明确当日可以出租的客房类型的数目，同时还可以发现有无超订现象（如有，则须尽快想办法解决）。

3.制作报表

在采用计算机系统管理的饭店，报表的统计分析由计算机自动处理。但是，有些报表还是要经预订员手工记录并输入计算机。

（1）明确报表用途。预订处所制作的各类报表，除了由预订人员和前厅管理人员使用以外，还要依工作流程要求向其他部门提供，并送达上级主管领导查阅。

（2）填写报表。

•看清原始记录，如实填写，填写内容字迹清晰、数据准确。

•如发现内容不详或字迹模糊，应设法查清。

•报主管或经理审阅，批准后再行打印。

•除本部门存档外，其余按工作流程及时分发和送达，重要的报表应由收存部门负责人签收。

（五）预订控制

1. 预订变更

预订的变更（Amendment）是指客人在抵达之前临时改变预计的日期、人数、要求、期限、姓名和交通工具等。

在预订变更时，预订员首先应该查看电脑，看是否能够满足客人的变更要求。如能够满足，则予以确认，同时填写"预订更改表"，修订有关的预订记录，并将这一新信息通知已经通知过的有关部门；如不能满足客人的变更要求，预订员应根据具体情况与客人协商解决。

（1）接收更改信息。

• 询问要求，更改预订客人的姓名及原始到达日期和离店日期。

• 询问客人需要更改的日期。

（2）确认更改预订。

• 在确认新的日期之前，先要查询客房出租情况。

• 在有空房的情况下，可以为客人确认更改预订，并填写预订单，记录更改预订的代理人姓名及联系电话。

（3）将更改单存档。

• 找出原始预订单，将更改的预订单放置在上面订在一起。

• 按日期、客人姓名存档。

（4）处理未确认预订。

• 如果客人需要更改日期，而饭店客房已订满，应及时向客人解释。

• 告知客人预订暂放在等候名单里，如果饭店有空房时，及时与客人联系。

（5）完成更改预订。感谢客人及时通知，感谢客人的理解与支持。及时更改预订信息，避免忙中出错。

2. 预订取消

客人取消预订（Cancellation）后，预订员应该对其预订资料进行有效处理：在预订单上盖上取消预订的印章，并在备注栏内注明取消日期、原因、人数等，然后存档；如果客人的预订信息已经通知到相关部门，则应将客人取消预订的这一新信息通知相关部门。

（1）接收预订信息。询问要求取消预订客人的姓名、到达日期和离店日期。

（2）确认取消预订。记录取消预订代理人的姓名及联系电话，提供取消预订号。

（3）处理取消预订。

① 感谢预订人将取消要求及时通知饭店，询问客人是否要做下一个阶段的预订。

② 将取消预订的信息输入计算机。

（4）存档并通知。

① 查询原始预订单，将取消预订单放置在原始预订单之上，订在一起。

② 按日期将取消单放置在档案夹最后一页，将取消的信息通知有关部门。

当客人在原定抵店日未能到店，则由总台接待员办理有关事宜（仅限预订一天的客人）。如果是取消预订，同样要通知有关部门，必要时可以为客人保留房间至约定时间（一天以上的转预订员处理）。

3. 预订过程的检查和控制

为保证预订受理、记录、变更、资料储存及预测过程顺畅无误，必须对预订全过程进行检查，发现差错及时纠正。

（1）检查、纠正错误。

· 检查有无将订房人误认为住宿人。

· 检查有无将抵、离店日期写错。

· 检查是否准确把握影响预计出租率变化的数据，如预订而未到的房数等。

（2）及时处理"等候名单"。

① 每天检查预订状况时，若发现"等候名单"中的客人抵店前有可租房，应立即通知客人，经确认后，将其从"等候名单"中取消，列入预抵店客人名单。

② 对房情预订总表或计算机预订控制系统进行相应的修改。

在检查和控制预订操作过程中，必须严谨、细心，避免出现差错。

4. 超额预订的接受、处理和控制

超额预订（Over Booking）是指虽然饭店某一时段客房预订已满，但仍可适当增加订房数量以弥补客人未按时抵店或临时取消预订产生的缺额所造成的损失。

（1）控制不兑现客人的数量。

① 在客人预订和入住时必须确认离店日期，并在预期离店的前一天再次确认提前离店客人。

② 过了中午 12:00 即加收半日房租，促使当日离店客人在 12:00 前结账退房。

③ 让有预订的客人预付定金，按保证类预订处理；在销售旺季预测客满前，通过电话或传真与当日未交预付定金的客人再次联系。

（2）处理已订房客人到店而客房已全部出租的情况。

① 在预计出现超额订房时，应事先与其他同星级饭店联系并确认客房数量。

② 出现房租差价时应由饭店承担，包括提供车辆及通讯等费用，并且在客人于次日返回饭店时，应以重要客人的礼遇安排入住。

（3）恰当运用超额预订的方法。

① 预测当日超额订房的房间数。

② 反复核查当日预抵店客人名单，在确认保证类订房的基础上，在非保证性订房或下午 6:00 以后抵店的客人中，排查可能会出现的预订未到客人的用房数。

③ 核查当日延期房间数量，并向要求办理延期续住的客人进行必要的解释。

④ 核查维修房恢复状况，对无法进行维修且故障小的房间，提前征求客人意见，适当给予折让，一旦有合适的房间，尽快办理换房手续。

⑤ 核查团队、会议订房，有否可能将两人两间房合并为一间，并及时与订房单位协商和确认。

（4）调整预留房数量。

① 在房况控制过程中，客房的提前预留肯定会对客房的出租状况产生影响。实际上，客房预留的数量一般都会大于实际的用房数量。

② 饭店预留较大量的客房，有时是出于某个团队或会议预订房未作最后的确认，这

可能会对饭店带来损失。因此，控制预留房的数量要及时准确地统计预订而未抵店客人用房数，并以此为依据，接受一定数量的超额订房，减少由于过多的预留房而给饭店带来的经济损失。

（5）妥善处理有特殊要求的订房事宜。

① 接受贵宾订房时，前厅服务员要热情接待，迅速核实客人的身份，记录客人的要求，并通知有关部门。

② 客人要求饭店提供保密服务，应予以承诺，并迅速将客人的这一要求记入相关记录和付诸实施。

③ 客人在预订时要求在房间内增加或减少学习情境家具，对于这类要求，一方面问清所提要求的原因，如果是由于房间临时加用，则请客人与客房服务中心联系；另一方面委婉地告知客人，通常客房固定配备的家具不宜挪动，请客人谅解。

④ 对超额预订影响最大的因素是不兑现客人，应将这学习情境客人数量控制在最小范围内。

⑤ 超额预订应该有个"度"的限制，以免出现因"过度超额"而不能使客人入住，或"超额不足"而使学习情境客房闲置。通常，饭店接受超额预订的比例应控制在10%～20%之间，具体而言，各饭店应根据各自的实际情况，合理掌握超额预订。

（六）特殊情况处理

1.失误的预防

预订工作中的疏忽或失误将损害饭店的形象，使饭店蒙受经济损失。为此，必须采取相应的措施，尽量减少或杜绝失误。

（1）培训预订员。

① 严格对预订员进行专业技能的培训，熟悉工作流程。

② 向客人解释饭店的政策和惯例，解释饭店专用术语的确切含义。

（2）反复审阅。

① 在客人办理完预订手续后一定要进行复述，与客人进行有关预订的核对和确认。

② 管理人员应对客房预订工作中使用的表格进行审查，看是否能满足饭店经营变化的需要，并反复审阅预订存档。

（3）密切联系。

① 预订处应与饭店的市场营销部、接待处密切联系，及时准确地掌握可售房信息。

② 建立相应的审查制度，在预订资料输入电脑、存档以前，应交当值领班或主管审查，确认无误后方可进行下一步的工作。

事后提醒：采用预订单记录客人的订房要求，务必仔细、慎重；对订房的变更或取消应高度重视，及时办理修改预订记录、重建预订单等相关手续。

2.常见问题处理

（1）客人订房时无房。

① 首先应向客人道歉，说明原因。

② 用商量的口气询问是否有变动的可能，如果客人表示否定，则预订员应询问客人

是否愿意将其列入候补订房客人名单内，如若愿意，则应将客人的姓名、电话号码或地址、订房要求等资料依次列入候补名单，并向客人说明饭店会按照客人留下的电话号码及候补名单的顺序通知客人前来办理预订手续。

③ 如果客人不愿意，则预订员可以婉拒客人或向客人提供其他信息并建议客人到其他饭店预订。

（2）已预订客人要求增加房间的数量。

① 预订员首先应问清客人的有关信息，如客人的姓名、单位或抵达、离店日期等，根据客人所提供的资料查找客人的预订单，核对无误后再行操作。

② 查看电脑中饭店预订信息情况，判断能否接受客人的要求，若不能满足，则应向客人推销其他类型的房间或婉言谢绝客人的要求。

③ 再次向客人复述当前客人预订房间数以及其他信息，并根据实际情况收取一定的保证金。

④ 更改预订单，并将已修改的预订单发送到有关部门与班组。

（3）客人指定房型、楼层、房号。一般饭店通常不接受指定房号的预订，但会答应客人尽量按客人要求的房号安排；如果遇到 VIP 或常客，客人要求又强烈，这种情况下，预订员应视情况而定。

① 预订员应根据客人的预订日期，查看电脑预订情况而判断是否接受客人的指定性预订。

② 若有空房，则应立即办理预订手续，把需要的房号预留起来并输入电脑；若没有空房，则应向客人说明情况后推销其他房间，或建议其他入住方案（如先请客人入住其他类型的房间后再更换等）。

③ 最后向客人说明如果出现不能满足其要求的情况，则请客人谅解并进行换房处理。

（4）客人在预订房间时嫌房价太贵。预订员应妥善运用推销语言技巧。

① 先肯定房价高，后向客人详细介绍本饭店的客房结构及配套设施设备等。

② 若客人还未下结论，则不妨采用对比法，将客人所预订的房间与其他饭店的进行比较，建议客人先入住尝试，为客人办理预订手续。

允许客人再三考虑，同时也向客人表明客房一定能使客人感到物有所值，请客人放心。

（5）客人更改预订日期时无房。

① 首先向客人道歉，并简单说明原因，以尽量得到客人的谅解。

② 向客人询问是否可以改变日期或建议预订其他类型的房间等，若客人不同意，则建议将客人暂时列入预订候补名单内。

③ 问清客人联系电话，以便于及时跟客人取得联系。

④ 取消或更改原来的预订单，及时发送到各相关部门或班组。

（6）订房员接到饭店内部订房。

① 仔细审查订房单是否完整、正确，是否有负责人的亲笔签名，核实所给予的优惠幅度是否在该负责人的权限范围内。

② 如预订房价的优惠幅度超越权限或协议范围，或者订单不完整，订房员应拒绝接受并报告主管。

四、技能实战训练

各小组准备好所需工具，按照讲授课程的要求，以小组为单位，编写服务对话用语，分组进行实战训练。

任务二 前厅接待服务

一、学习任务说明

学习目标

★知识目标：（1）掌握前厅接待服务的服务程序和标准。

（2）熟悉 VIP 接待标准。

（3）掌握礼宾服务程序和标准。

★技能目标：（1）能填写入住登记表。

（2）能设计 VIP 接待方案。

（3）能开展礼宾服务。

★素质目标：培养应变能力、探索精神、团队协作的精神和语言表达能力。

学习结果

经过学习，学员能够按照服务流程及标准，独立、正确完成前厅接待工作。

重点及难点

教学重点：前厅接待服务的服务程序和标准。

教学难点：客房销售技巧。

二、课前准备

（1）物品准备：教学视频、电脑、饭店 PMS 机、打印机、VIP 申请单、欢迎卡、房卡钥匙、电话机、POS 机等。

（2）场地准备：前厅实训室。

（3）分组安排：每组 4～5 人，选出一名组长。

三、相关理论知识

（一）礼宾服务

1. 接站服务

有些客人在订房时会声明需要接车服务，并事先告知航班（车次）、到达时间，选定接车车辆的类型。机场代表是代表饭店欢迎客人的第一人，应该特别注意自身的仪容仪表，举止言谈要温和得体，动作要迅速准确，要充分体现出责任心、自觉性、灵活性、协调性、独立性的工作特点。

（1）准备工作。

① 掌握预抵店客人名单（Expected Arrival List，EA），向预订处索取"宾客接车通知单"，了解客人的姓名、航班（车次）、到达时间、车辆要求及接待规格等情况。

② 安排好车辆。

③ 备好接机牌，正面刻有饭店的中、英文名称，反面是客人的姓名，牌子手把的长度在 0.5 米左右。

（2）到达车站（机场或码头）迎接客人。

① 站立在显眼位置举牌等候、主动问好、介绍自己、代表饭店欢迎客人。

② 根据预抵店客人名单予以确认。

③ 帮客人搬运行李并确认行李件数，挂好行李牌，引领客人前往接站车前。

（3）送客人上车。

① 开车前 10 分钟应将客人送到开车地点，引导客人上车，协助将行李装上车。

② 然后向客人道别，开车时站在车前的右前方 2 米左右，微笑着挥手向客人道别。

（4）通知客人抵店信息。电话通知大厅值班台客人到店的有关信息：客人姓名、所乘车号、离开车站时间、用房有无变化等。

• 如果客人属贵宾，则应通知饭店大堂副理，并告知其客人离开机场（车站）的时间，请他安排有关部门做好迎接工作。

• 如果客人漏接，则应及时与饭店接待处联系，查核客人是否已经到达饭店，并向有关部门反映情况，以便采取弥补措施。

• 在机场（车站）设点的饭店，一般都有固定的办公地点，都有饭店的明显标志，如店名、店徽及星级等。饭店代表除迎接有预订的客人外，还应积极向未预订客人推销本饭店，主动介绍本饭店的设备设施情况，争取客人入住。

• 饭店代表除迎接客人和推销饭店产品外还向本饭店已离店客人提供送行服务，为客人办理登机手续，提供行李服务等。

2. 门厅应接

门厅应接员是饭店形象的具体表现，一般安排身材高大、英俊、目光敏锐、经验丰富的青年男性担任，但也可用气质、风度好的女性担任。门厅应接员通常要穿着高级华丽、有醒目标志的制服，一般由军礼服式样演变而成。上岗时精神饱满、热情有礼、动作迅速。工作时通常站于大门一侧或台阶下、车道边，站立时应挺胸、手自然下垂或下握，两脚与肩同宽，其主要承担迎送客人，调车，协助保安员、行李员等人员工作的任务。

检查仪表仪容是否得体，时刻注意礼节礼貌，言谈举止符合规范要求，体现出良好的职业风范。

（1）站立等候。身着制服，精神抖擞地站在门口一侧，站姿标准。

（2）引导停车。在客人乘车抵达饭店时，使用规范手势示意（切忌大喊大叫），指挥车辆停到方便客人进饭店的位置，同时不影响交通。

（3）开、关车门。

① 将车门打开 70° 左右，右手挡在车门框上，为客人护顶，欢迎客人光临（对常客或重要客人可以称呼其姓名和职务以示尊重）。

② 关车门时应注意不能夹住客人的衣物，还应注意车上有无遗留物品。

③ 行李员未能及时到场时，将行李从后备箱中拿出、清点；如果客人行李较多，应主动提醒客人清点件数、带好个人物品，然后用手势提示行李员为客人运送行李。

（4）站回原位。

① 若客人行李较少，在进入大厅前将行李交给行李员，由行李员引领客人到总台。

② 客人如乘坐出租车，应迅速记下车牌号，站回原位，继续迎候新客人。

3. 常见问题处理

（1）机场代表按客人预订时所报的航班去接客人，但是客人一直没有出现。

① 确认该航班是否抵达，有无其他特殊情况而引起的晚到。若已抵达，则应请民航有关部门了解客人是否乘该航班到达。若查明确有该客人，则应询问客人是否因某些原因在机场内受阻。

② 联系前台接待处，看客人是否已经到店。若客人还未到店，则应请订房中心员工根据客人留下的联系方式与客人取得联系，以确认客人是否改变行程。

（2）已订房客人要求接机员先将其行李送回饭店。

① 了解行李情况，提醒客人贵重物品或现金请客人自己携带，并向客人询问是否有易碎物品。

② 检查行李的破损情况，并向客人说明；填写行李寄存卡，寄存联挂在行李上，提取联交给客人；提醒客人妥善保管行李提取联，凭行李提取联提取行李。

③ 将行李运回饭店寄存，并做好交接。

（3）填写接机单时，发现航班号与时刻表不符。

① 查询机场问询处，核实是否有此航班及抵达时间。

② 与客人联系，请其再次确认所乘的航班；如与客人联系不上，应根据其可能乘坐的航班派车到机场等候。

（4）客人的航班临时更改又未通知饭店，造成接机接空。

• 由于天气等不可抗拒因素造成航班无法正点抵达，接机费用由饭店承担。

• 如客人自己临时更改航班，又未及时通知饭店而造成接机接空，费用由客人承担。

• 客人抵店时，通知大堂副理，由其出面向客人索取接机费用。

4. 认识"金钥匙"

（1）Concierge：名词，词义为门房、守门人、钥匙看管人。

（2）Les clefs d'or[音：lay clay door]：名词，来自法语，系指由负责饭店委托代办业务的金钥匙成员们组成的国际专业组织。

（3）"金钥匙"是前厅部下设的一个岗位，归前厅部经理直接管理。"金钥匙"的全称是"国际饭店金钥匙组织"（UICH），是国际性的饭店服务专业组织。

（4）国际金钥匙组织的服务哲学是：尽管不是无所不能，但一定要竭尽所能。在现实中，"金钥匙"通常身穿燕尾服，上面别着交叉金钥匙，它象征着委托代办就如万能的金钥匙一般可以为客人解决一切难题，所以"金钥匙"被客人视为"万能博士""百事通"及解决问题的专家。

（5）"金钥匙"是现代饭店个性化服务的标志，是饭店内外综合服务的总代理，也是礼宾服务的极致，能够满足客人的各种个性化需求。有"金钥匙"的饭店能够让客人感到"宾至胜家"。

（二）抵店行李服务

1. 散客抵店行李服务

事前提示：行李服务由前厅部的行李处负责提供。饭店一般将行李处设在客人很容易发现的位置，所处位置也可以使行李员便于观察到客人抵店、离店的进出情况，便于与总台协调联系。

（1）迎接客人。

（2）卸放行李。

检查、清点行李有无破损和缺少，大件行李装行李车，贵重及易碎物品应让客人自己拿好。

（3）引领客人至总台。

① 引领客人时，应走在客人的左前方两三步远处，随着客人的脚步走，在拐弯和人多时应回头招呼客人。

② 途中可视情况询问客人姓名、有无预订、是否初次到达本店。

（4）看管行李。

• 客人在总台办理入住登记时，行李员站于客人身后 2 米左右处看管行李。

• 眼睛注视着接待员，并随时听从接待员的提示。

（5）引领客人至客房。

① 当客人登记完毕后，应主动上前接过钥匙，引领客人前往客房。

② 引领途中走在客人侧前方两三步远处，搭乘电梯时请客人先上先下，适时向客人介绍饭店的特色、新增服务项目、特别推广活动等。

③ 房间到时知会客人，按"敲门—通报"房程序将房门打开，立于一侧，请客人先进。

④ 将行李放在行李架上，介绍房内设施设备及其使用方法。

进房前简短地向客人介绍紧急出口及客人房间在饭店的位置；进房时向客人介绍钥匙的使用方法及电源开关；有选择地向客人介绍电视的收看、电话的使用、小酒吧的收费及主要电话号码等。

（6）道别、返回大厅。

• 询问客人是否还有其他需要，如果没有则应祝客人入住愉快。

• 离开房间，退后一两步，然后再转身走出，面朝房内轻轻将房门关上，再迅速离开。

• 从员工通道返回礼宾台，在"散客行李入住记录"上逐项填写并签名。

为了能做好行李服务工作，要求行李组领班及行李员必须掌握饭店服务与管理的基础知识，了解店内、店外诸多服务信息；具备良好的职业道德，诚实、责任心极强，性格活泼开朗，思维敏捷；熟知礼宾部、行李员的工作程序及操作规则、标准。

2. 团队抵店行李服务

内、外行李员要注意做好交接工作，以便做到责任分明；行李车上的行李不得过高，避免损坏客人和饭店的财物。

（1）准备应接。根据团队抵店时间安排好行李员，提前填好进店行李牌，注明团队名称和进店日期。

（2）分检行李。

① 领班与团队负责人一道清点行李件数、检查破损情况等，然后填写"团队行李进出店登记表"，请团队负责人签名。

② 给行李拴上填好房号的行李牌，以便准确地分送到客人房间，如暂不分送，应码放整齐，加盖网罩。

（3）分送行李。

① 将行李装上行李车，走专用通道到指定楼层，然后：敲门—通报。

② 进房后将行李放在行李架上，请客人清点及检查行李，无异议后道别（如客人不在房间，应先将行李放于行李架上，个别无房号的暂存楼层，与团队负责人协商解决）。

（4）行李登记。

分送完行李后，应在"团队行李进出店登记表"上记录并签名，按登记表上的时间存档。

为了能做好行李服务工作，要求行李组领班及行李员必须熟悉饭店内各条路径及有关部门的位置；能吃苦耐劳，做到眼勤、嘴勤、手勤、腿勤；善于与人交往，和蔼可亲；掌握饭店内餐饮、客房、娱乐等服务内容、服务时间、服务场所及其他相关信息；掌握饭店所在地名胜古迹、旅游景点及购物场所的信息。

3. 行李寄存服务

• 行李房不寄存现金、金银首饰、珠宝、玉器、护照以及宠物等。上述物品应礼貌地请客人自行保管，或放到前厅收款处的保险箱内免费保管。已办理退房手续的客人如想使用保险箱，须经大堂副理批准。

• 饭店及行李房不得寄存易燃、易爆、易腐烂或有腐蚀性的物品；不得存放易变质食品及易碎物品。如客人坚持要寄存，则应向客人说明饭店不承担赔偿责任，并做好记录，同时在易碎物品上挂上"小心轻放"的标牌。

• 如发现枪支、弹药、毒品等危险物品，要及时报告保安部和大堂副理，并保护现场，防止发生意外。

• 提示客人行李上锁，对未上锁的小件行李须在客人面前用封条封好。

（1）礼貌应接。

（2）弄清情况。

① 弄清客人的行李是否属于饭店不予寄存的范围。

② 问清行李件数、寄存时间、宾客姓名及房号。

③ 填写"行李寄存单"，并请客人签名，上联附挂在行李上，下联交给客人留存，告知客人下联是领取行李的凭证。

（3）存放行李。

（4）进行登记。

① 经办人须及时在"行李寄存记录本"上进行登记，并注明行李存放的件数、位置及存取日期等情况。

② 如属非住客寄存、住客领取的寄存行李，应通知住客前来领取。

• 行李寄存及领取的类别有三种：住客自己寄存，自己领取；住客自己寄存，让他人领取；非住客寄存，但让住客领取。

• 饭店礼宾部为方便住客存取行李，保证行李安全，会有专门的行李房并建立有相应的制度：a. 行李房是为客人寄存行李的重地，严禁非行李房人员进入；b. 行李房钥匙由专人看管；c. 做好"人在门开，人离门锁"；d. 行李房内严禁吸烟、睡觉、堆放杂物；e. 行李房要保持清洁；f. 寄存行李要摆放整齐；g. 寄存行李上必须系有"行李寄存单"。

4. 行李领取服务

行李员在工作时应常对行李进行整理，以便及时发现问题；"行李寄存单""行李寄存记录本"的使用要保证规范、正确。

（1）签名询问。

① 客人来领取行李时，收回"行李寄存单"下联，请客人当场在寄存单下联上签名。

② 询问行李的颜色、大小、形状、件数、存放的时间等，以便查找。

（2）核对记录。

① 核对"行李寄存"上、下联的签名是否相符，如相符则将行李交给客人。

② 在"行李寄存记录本"上做好记录。

• 如住客寄存、他人领取，须请住客把代领人的姓名、单位或住址写清楚，并请住客通知代领人带"行李寄存单"的下联及证件来提取行李。行李员须在"行李寄存记录本"的备注栏内做好记录。

• 代领人来领取行李时，请其出示存放凭据，报出原寄存人的姓名、行李件数。行李员收下"行李寄存单"的下联并与上联核对编号，然后再查看"行李寄存记录本"记录，核对无误后，将行李交给代领人。请代领人写收条并签名（或复印其证件）。将收条和"行李寄存单"的上下联订在一起存档，最后在记录本上做好记录。

• 如果客人遗失了"行李寄存单"，须请客人出示有效身份证件，核查签名，请客人报出寄存行李的件数、形状特征、原房号等。确定是该客人的行李后，须请客人写一张领取寄存行李的说明并签名（或复印其证件）。将客人所填写的证明、证件复印件、"行李寄存单"上联订在一起存档。

• 来访客人留存物品，让住店客人提取的寄存服务，可采取留言的方式通知住客，并参照寄存、领取服务的有关条款进行。

客人的行李寄存时间早已过期，但无人领取时，行李员应及时汇报领班或大堂副理，并做好登记，由领班或大堂副理查找后联系客人，通知客人及时领取行李。

5. 换房行李服务

了解行李情况，提醒客人贵重物品或现金请客人自己携带，并向客人询问是否有易碎物品；在搬运宾客私人物品时，除非经客人授权，应坚持两人以上在场（大堂经理等）。

（1）问清房号。

（2）敲门入房。

（3）点装行李。

（4）进行换房。

（5）交还钥匙。

6. 常见问题处理

（1）行李破损。

① 在饭店签收前发现破损的行李，饭店不负任何责任，但必须在团体行李进店登记簿上登记。

② 签收后，在运往客房的途中，或从客房送至饭店大门的途中破损，应由饭店负责；首先应尽力修复，如果实在无法修复，则应与导游或领队及客人协调赔偿事宜（赔钱或物）。

（2）团队的个别房间行李搞错。

① 向客人了解行李的大小、形状、颜色等特征，与陪同的最新排房名表核对，查是否有增房。如有，查对增加房间的行李，检查客人不在的房间，务必尽快将行李调整；若没有，请陪同人员协助查找客人所在的房间，予以调整，做好记录。

② 本批团体行李中多一件或几件行李，应把多余的行李存放在行李房中，同一批多余的行李应放在同一格内。用行李标签写一份简短的说明，注明到店时间及与哪个团体行李一起送来，然后等候旅行社来查找。同批团体行李中少了一件或几件行李，亦应在签收单上加以说明，同时与旅行社取得联系，尽快追回。

③ 行李错送的处理：应把非本团行李挂上行李标签，做一个简短的说明后，存放于行李房的一格中，等候别的旅行团来换回行李，或通过旅行社联系换回行李事宜。

（3）行李丢失。

过于贵重的物品本不应放在行李寄存处寄存。

① 行李到店前丢失，由旅行社或行李押运人员负责；如果饭店押运的行李，是在去饭店的途中丢失的，饭店应负责任。但因客人尚未办理入住手续，还不是饭店的正式客人，饭店的赔偿责任，应轻于住店客人的行李丢失情况；已订房客人的行李，如果由饭店的行李员负责接送，在运往饭店的途中行李丢失，其处理方法同上。未订房客人的行李，饭店原则上不予运送，可暂时看管（指在饭店大门口以外的范围），如果客人再三要求，饭店人员可以答应为其运送或暂时看管行李，但必须再三声明，如果丢失饭店不负责任。

② 客人到达饭店后，在办理入住登记手续之前，或办理退房手续之后丢失的行李，饭店原则上不必赔偿。因为未入住或已离店的客人，不是饭店的正式客人，饭店没有义务负责其行李的安全。但为了饭店的长远利益，遇到此类情况，饭店也可以酌情适量予以赔偿。

③ 已寄存的行李丢失，饭店应予以赔偿，但赔偿应有一个限额。

（4）多位客人需要提供行李服务。

• 行李员请客人先办理入住登记手续，手续办完后，请每位客人逐件确认行李。

• 迅速在行李牌上写清客人的房间号，告诉客人请在房间等候。

• 迅速将行李送入客人房间。

（5）客人早到，暂无房间。

① 行李员首先应询问接待员何时能为客人安排房间。

② 若所需时间较长，行李员则请客人在大堂吧休息或请客人有事的话先办事情，建议客人将行李寄存，待客人入住后再送行李；办理客人行李寄存时必须在行李牌上注明

"入店未知房号"字样；行李员要时刻关注该客人的入住情况，以便及时将行李送到客人的房间。

③ 若所需时间较短，则应将行李放在行李台旁代客人保管，并注明"入店"字样，待客人房间安排好后再送入房间。

（6）行李上没有名字，无法标上房号。

① 先清点行李件数，集中在大堂指定位置，请团队陪同人员核对行李，通知客人前来认领；待客人前来认领后，主动帮客人将行李送进房间。

② 做好记录，以备查核。

（三）入住登记

1. 有预订散客入住登记

确定付款方式时，用信用卡的要预先刷下信用卡的授权；付现金的则要视信用情况决定是否交押金；收取押金的话，应先将客人的资料输入电脑，然后带客人至收银处交押金，或直接收取。

（1）询问查看。

① 微笑问候，询问客人是否有预订。

② 查看订房情况。

（2）填表核对。

① 请客人填写登记表，如客人已有登记资料的，只需客人签名确认。

② 检查登记卡，核对证件，如使用第二代身份证阅卡器，请客人将所有项目都填齐全（服务员将验证的各项内容也应填齐全）。

③ 再次确认房价、房间种类、离店日期及付款方式。

（3）制作钥匙。制作钥匙，预先开启房间的 IDD。

（4）填写房卡。

① 拿出预先准备好的住房卡，填写齐全后请客人签名，并介绍其用途和用法。

② 将钥匙交给行李员，由行李员带客人进房，并祝愿客人住得开心。

（5）整理资料。

① 在登记卡上打时。

② 整理客人的入住登记资料，将第一联的登记资料输入电脑，然后交问讯组。

若有两位以上的散客，住房卡应该人手一份。住房卡是住客的凭证，凭此可在使用饭店服务设施时签单入房账。

2. 无预订散客入住登记

用信用卡结账的要预先刷下信用卡；如需交保证金的，输入电脑后带客人到收银处缴纳。

（1）询问查看。

① 微笑问好，询问客人是否有预订。

② 查看订房情况。

（2）确认房价等。

① 热情、有针对性地介绍饭店现有的可供出租的房间类型及价格，正确使用报价方式。

② 确认房价、折扣、房间种类及离店日期。

（3）填写登记表。

先请客人填写入住登记表并检查，然后确认付款方式。

（4）制作钥匙。

① 制作钥匙，开启 IDD，填写住房卡，请客人签名并介绍其用途、用法。

② 将钥匙交给行李员带客人进房，并祝客人入住愉快。

（5）整理资料。

① 在登记卡上打时。

② 整理客人的入住登记资料，将第一联的登记资料输入电脑，然后交问讯组。

在为客人办理入住登记手续过程中，除回答客人提问外，还应不失时机地宣传本饭店特点，介绍餐饮、娱乐、会议等设施和服务项目，使客人加深对饭店服务的认可和信任。这项工作做得好，对初次到店的客人来讲，会留下良好的印象。

3. 团队入住登记

重要"VIP"团入住时，可先发房间钥匙给客人，让客人先上房间，留下领队及陪同办理入住手续即可；做好团体客人抵店前的准备工作，能够避免在客人抵店时饭店大厅内出现拥挤阻塞的混乱现象。

（1）准备工作。

① 根据团队接待任务通知单中的用房、用餐及其他要求，在客人抵店前与计算机核准，进行预排房并确认。

② 提前准备团队钥匙、欢迎卡、餐券、宣传品等，并装入信封内。

③ 在计算机中输入相关信息，控制已经预排好的房间。

④ 将旅行社等接待单位提供的客人名单按房号予以分配，并将团队客人登记表交给团队陪同。

⑤ 将团队用餐安排提前通知餐饮部或有关餐厅。

（2）主动迎客。

① 团队客人抵达时，主动上前招呼、问好，大堂经理致欢迎词，并简单介绍饭店情况。

② 总台接待人员应主动与领队或陪同取得联系，向他们询问该团的人数、预订的房间数、用餐情况及叫醒和出行等事宜，协助领队分房。

（3）重新检查房号。

① 请领队、陪同分配房间，并呈上致领队、陪同的有关注意事项，在领队分房的同时，与陪同落实该团的住宿计划，如确定叫醒时间、出行李时间、用餐时间、有无特别要求及领队房间号码等。

② 请陪同在团体资料上签名，若该团有全陪，要安排全陪入住，分完房拿到分房名单后方可给予房间钥匙，安排客人进房休息。

（4）要回住宿登记表。

向领队、陪同要回团体客人住宿登记表。如是台湾客人，表内应有台胞证号码、签注号码、有效期、客人姓名、性别、出生年月日、永久地址等项目；如是港澳客人，表内应有回乡证号码、回乡证有效期；如是外国客人，表内应有团体入境签证印章，如无团体签证，则要每个客人填写一份外国人临时住宿登记表。

完成接待工作后，接待员要将该团全部资料集中在一起，将团体接待单、更改通知单、特殊要求通知单、客人分房名单等资料尽快分送有关部门，将该团全部资料交给财务部前台收银处。

（5）制作总账单。

制作团体总账单，将团体客人资料分类整理好。

• 在团体客人抵店前，接待处应做好一切准备工作。如果是大型团队，饭店还可以在指定区域或特别场所为客人办理入住手续。

• 团体客人临时提出加房、加床的要求，要严格按照合同和操作程序处理。首先应明确订房机构是否能够给予确认，如订房机构同意确认，应请陪同、领队书面注明原因，在挂账单上签名，然后将说明书的面单交订房部负责，底单连同客人资料一起交财务部前台收银处；如订房机构不同意负担客人加房、加床的费用，则需向客人按门市价现收，并请领队、客人在书面通知上签名后，将书面通知的底单连同客人资料一同交给财务部前台收银处，面单由接待处存底备查。

4. IC卡制作与分发

电子式客用钥匙卡在客人办理完入住登记手续后由总台接待员制作、发放，每间客房可根据客人数或要求制作多张钥匙卡。

（1）输入。接待员排完房后，立即向编码器输入房号、客人姓名、来离店日期、时间、钥匙卡数量等信息。

（2）划槽。将空白卡在编码器读写槽内划过。

（3）交付。

① 检查打印机所打印的信息是否正确；

② 将钥匙卡插入住房卡内，交给客人（对初次住店客人应主动介绍使用方法）。

• 客人遗失钥匙卡或换房时，在核准客人身份等情况后迅速制作新卡，并告知客人旧卡已自行失效。

• 客人办理续住手续时，请客人交回原钥匙卡，将新的日期、时间等信息输入编码器，并在读写槽划过，同时将住房卡日期予以更改或更换新卡，连同钥匙卡一并交给客人。

• 客人住店期间电子门锁出现故障而无法开门时，应按系统制定的紧急程序处理。

5. 常见问题处理

（1）客人等候办理入住手续时间过久而引起的抱怨。繁忙时刻，会有许多客人急切地等候办理入住登记手续，在办理的过程中，他们会提出很多问题与要求，大厅内有可能会出现忙乱的现象，前台服务人员必须保持镇静，不要慌乱。

• 客人抵店前，接待员应熟悉订房资料，检查各项准备工作。

• 根据客情，合理安排人手，客流高峰到来时，保证有足够的接待人员。

• 繁忙时刻保持镇静，不要打算在同一时间内完成好几件事。

• 保持正确、整洁的记录。

（2）客人不愿翔实登记。有学习情境客人为减少麻烦，出于保密或为了显示自己特殊身份和地位等目的，住店时不愿登记或登记时有些项目不愿填写。

① 耐心地向客人解释填写住宿登记表的必要性。

② 若客人出于怕麻烦或填写有困难，则可代其填写，只要求客人签名确认即可。

③ 若客人出于某种顾虑，担心住店期间被打扰，则可以告诉客人，饭店的计算机电话系统有"DND"（请勿打扰）功能，并通知有关接待人员，保证客人不被打扰。

④ 若客人为了显示其身份地位，饭店也应努力改进服务，满足客人需求。比如充分利用已建立起的客史档案系统，提前为客人填妥登记表中的有关内容，进行预先登记，在客人抵店时，只需签名即可入住。对于常客、商务客人及 VIP 客人，可先请客人在大堂休息，为其送上一杯茶（或咖啡），然后前去为客人办理登记手续，甚至可让其在客房内办理手续，以显示对客人的重视和体贴。

（3）遇到有不良记录的客人时。接待员在遇到有不良记录的客人光顾饭店时，凭以往经验或客史档案，要认真、机智、灵活地予以处理。

① 对于信用程度低的客人，通过确立信用关系、仔细核验、压印信用卡、收取预付款等方式，确保饭店利益不受损失，及时汇报有关处理的情况。

② 对于曾有劣迹、可能对饭店造成危害的客人，则应以"房间已全部预订"等委婉的说法，巧妙地拒绝其入住。

（4）饭店提供的客房类型、价格与客人的要求不符。接待员在接待订房客人时，应复述其订房要求，以获得客人的确认，避免客人误解。房卡上填写的房价应与订房资料一致，并向客人口头报价。

如果出现无法向订房客人提供所确认的房间，则应向客人提供一间价格高于原客房的房间，按原先商定的价格出售，并向客人说明情况，请客人谅解。

（5）在房间紧张的情况下，客人要求延住。照顾已住店客人的利益为第一要义，宁可为即将来店的客人介绍别的饭店，也不能赶走已住店的客人。

① 可以先向已住客人解释饭店的困难，征求其意见，是否愿意搬到其他饭店延住。

② 如果客人不愿意，则应尽快通知预订处，为即将来店的客人另寻房间，或是联系其他饭店。

（6）客人要求用一个证件同时开两间客房。饭店的有关制度规定：两间房必须有两个以上的证件登记。

① 与客人商量是否可以请其朋友出示证件办理入住登记；若客人表示其朋友要随后到达饭店，则应请客人先开一间房，另一间作保证类预订处理。

② 若客人坚持要办理入住手续，则应请客人提供其朋友的有关信息，查看客史档案，办理入住；若没有客人的档案，为客人办理入住手续后，钥匙保留在总台，提醒客人请其朋友来后到总台取钥匙或通知接待员送到房间并补办手续。

③ 对客人表示感谢，并做好跟进服务工作。

（7）住店客人要求保密。接待员对于客人入住时提出的"不接听电话""不接待来访客人""房号保密"，等特殊要求，应予以高度重视，立即在计算机中做特殊标记，并通知总机、客房部、保安部等部门和岗位，不应草率行事，引起客人的投诉。

① 确认客人的保密程度，例如只接长途电话，只有某位客人可以来访，还是来访者

一律不见、来电话一律不接听等。

② 在值班日志（LOG BOOK）上做好记录，记下客人姓名、房号及保密程度。

③ 当有人来访问要求保密的客人时，一般以客人没有入住或暂时没有入住为理由予以拒绝。

④ 通知电话总机做好客人的保密工作。例如来电查询要求保密的客人时，电话总机室的接线员应告诉来电话者该客人未住店。

（8）客用钥匙丢失。

① 客用钥匙丢失了，应马上检查丢失原因，采取必要的措施及时处理，以保证客人的生命财产安全。

② 客房部经理应亲自查找，并报告值班经理，更改 IC 卡密码，修改电脑程序，并督促服务员，细细回忆，做好记录。

③ 如未找到，通知大堂副理，由其出面与客人交涉有关索赔事宜。

④ 报前厅部经理，由其签发配换钥匙的通知，下单请工程部人员进行换锁。换锁原因及钥匙号码须在钥匙记录簿中记录备案。

（9）离店团队退房回收钥匙。

- 团队离店前一天，接待员须打印出次日离店的团队表单。
- 离店当日，由早班接待员负责将离店团队的钥匙收回。
- 如发现钥匙有未退回的，应马上与团队陪同联系，请其协助追回钥匙。
- 若钥匙丢失，须马上通知收银员、大堂副理，由大堂副理与客人交涉索赔事宜。
- 团队钥匙全部收回后，通知收银员将钥匙押金退还陪同或领队。

（四）入住接待

1. VIP 接待

VIP 是 Very Important Person 的简称。VIP 是饭店给予在政治、经济以及社会各领域有一定成就、影响和号召力的人士的荣誉，是饭店完善标准的接待规格服务对象，是饭店优质服务体系的集中体现。

（1）准备工作。

① 从预订处或销售部接到 VIP 通知单或每天预计到店名单中获知贵宾的姓名、到达时间、职务等资料后，应立即报告总经理，填写 VIP 申请单（即重点客人呈报表），请示饭店是否派管理人员来接待及接待规格等。

② 根据接待规格安排适当的房间，提前准备好房间钥匙、欢迎卡和住宿登记单及有关客人信件等。

③ VIP 客人到达饭店前要将装有房卡、钥匙等的欢迎信封及登记卡放至大堂经理处，同时要通知有关部门按照接待规格做好准备。

④ 大堂经理在客人到达前 l 小时检查房间；客人抵达前半小时，大堂副理应准备好客房门卡、欢迎卡及住宿登记单，在门厅迎候客人抵店。

（2）办理入住手续。

① 准确掌握当天预抵 VIP 客人姓名；以客人姓名称呼客人，对不同级别的 VIP 客人，相应地通知饭店总经理、驻店经理、前厅部经理及大堂经理等亲自迎接。

② 不同级别的管理人员分别将不同级别的 VIP 客人亲自送至房间，并向客人介绍饭店设施和服务项目。

（3）储存信息。

① 总台接待人员复核有关 VIP 客人资料，并准确输入电脑；在电脑中注明"VIP"以提示其他各部门或人员注意。

② 为 VIP 客人建立客史档案，并注明身份，以备查询。

• VIP 房分配力求选择同类房中方位、视野、景致、环境、保养处于最佳状态的客房。

• 检查房间时主要看空调是否打开，设施设备是否完好，鲜花、水果、总经理名片、欢迎卡等是否按规格要求摆放妥当，其他物品是否一应俱全，确保房间状态正常，并提前通知饭店领导和其他迎接人员安排时间，做好迎接工作。礼品发送应准确无误。

2. 商务行政楼层接待与服务

商务楼层一般处于饭店大厦的最上部两层，房间多数为 70～100 间左右，设有专门的接待大厅，英文名称 Lounge，又叫超级沙龙（Executive Salon）。入口处设有接待吧台，由专职服务人员负责登记开房、结账退房、信息咨询、侍从陪护（Escort）；另外还提供办公设备出租。在专用大厅（Executive Salon），早晨提供欧陆风情早餐（Continental Breakfast），下午 3～5 时提供茶点服务，6～7 时提供鸡尾酒服务。

（1）鲜花、水果服务。

鲜花、水果一定要保证质量。

① 依据确认的抵店客人名单准备好总经理欢迎卡、商务行政楼层欢迎卡。

② 将需要补充鲜花、水果的房间在住店客人名单上做好标记。

③ 将鲜花、水果、刀叉和餐巾备好，装上手推车送入客房，并按规定位置摆放好。

④ 做好记录，根据次日预抵店名单填写申请单，以备用。

根据客人的口味、喜好补充；补充时，要将不新鲜的花和水果撤出，更换用过的刀叉。

（2）客人入住接待。对待 VIP 客人一般实行专人跟踪服务。

① 客人在大堂副理或 GRO（客户关系主任）陪同下走出电梯来到商务楼层服务台后，行政楼层经理或主管应微笑站立迎客并做自我介绍，请客人在接待台前坐下。

② 将已准备好的登记表取出，请客人签名认可，注意检查并确认客人护照、付款方式、离店日期与时间等内容。

③ 将已经准备好的欢迎信及印有客人姓名的烫金私人信封呈交给客人，并递送欢迎茶，整个服务过程不超过 5 分钟。

④ 主动介绍商务楼层设施与服务项目，包括早餐时间、下午茶时间、鸡尾酒时间、图书报刊赠阅、会议室租用服务、商务中心服务、免费熨衣服务、委托代办以及擦鞋服务等。

⑤ 走在客人左前方或右前方引领客人进房间；告诉客人如何使用钥匙卡，同时将欢迎卡交给客人，介绍房内设施，并预祝客人居住愉快。

⑥ 通知礼宾部行李员，10 分钟内将行李送至客人房间。

接待员应主动邀请新入住客人参加、接受早餐、下午茶或鸡尾酒的服务。

（3）欢迎茶服务。客人登记入住时，接待员为客人提供欢迎茶。

① 事先准备茶壶、带垫碟的茶杯、一盘干果或巧克力糖果或饼干和两块热毛巾。

② 称呼客人的姓名，表示问候并介绍自己；同时，将热毛巾和茶水送到客人面前。

③ 如果客人是回头客，应欢迎客人再次光临。

泡茶、沏茶、冲茶、上茶等技能要求，均按餐饮部有关茶水服务中的标准执行。

（4）早餐服务。配合餐饮部专职人员，在开餐前 10 分钟做好全部准备工作，包括将自助餐台摆好、将食品从厨房运至餐厅、将餐桌按标准摆放、更换报纸杂志、调好电视频道、在每张餐桌上放好接待员名片等。

① 称呼客人姓名并礼貌地招呼客人；引领客人至餐桌前，为客人拉椅子、让座；将口布打开递给客人；礼貌地询问客人是用茶还是咖啡。

② 礼貌地询问客人在结账处结账还是将账单送至收银台。

③ 客人用完餐离开时，应称呼客人姓名并礼貌地告别。

④ 统计早餐用餐人数，做好收尾工作；配合客房部服务员做好场地清理工作。

可根据计算机提供的住店客人名单确认用餐客人姓名；餐具在客人用过后 1 分钟撤换；始终保持自助餐台整洁。

（5）下午茶服务。商务楼层免费下午茶服务时间为每天 16:00 ～ 17:00。欢迎客人带朋友参加。

① 提前 10 分钟按要求准备好下午茶台，包括茶、饮料和小点心等。

② 微笑、主动地招呼客人；引领客人至餐台前，为客人拉椅子、让座，并询问房号，请客人随意饮用。

③ 注意观察，客人杯中饮料不足 1/3 时，要及时询问、续添，将用过的杯盘及时撤走。

④ 在 17:00 下午茶结束 5 分钟前，通知客人免费服务即将结束。

⑤ 客人离开时应向其表示感谢，并与客人道别。

⑥ 填写记录表，如客人消费超过了免费时间，将费用记在客人账户上，账单由客人签字后记在客人账户上。

（6）鸡尾酒会服务。商务行政楼层每天 18:30 ～ 19:30 为客人提供免费鸡尾酒服务。

• 提前 10 分钟做好全部准备工作，在桌上放置服务员名片。

• 微笑、礼貌地招呼客人，引台、为客人拉椅子、让座。

• 客人离开时应向其表示感谢，并与客人道别。

• 将客人朋友的消费账单记入客人账目中。

• 填写记录表，下班前应统计酒水，在盘点表上做好记录并根据标准库存填写申领单。保证免费酒水的品质；记清每台所点酒水名称、数量；19:30 提供最后一道免费酒水；鸡尾酒会的服务程序和操作标准参阅《餐厅服务与管理》中的有关章节。

（7）退房结账服务。商务楼层的客人大多享受饭店提供的快速结账离店服务，在商务行政楼层服务台和房间内均可办理结账服务。

① 提前一天确认客人结账日期和时间。

② 询问客人结账相关事宜，如在何地结账、用何种付款方式、行李数量、是否代订交通工具，并及时检查酒水。

③ 将装有客人账单明细的信封交给客人；请客人在账单上签字，将第一联呈交客人；询问客人结账方式，如果付外币，请客人到前厅外币兑换处办理，如需刷卡，则使用刷

卡机。

④ 通知行李员取行李，代订出租车。

⑤ 询问是否需要做"返回预订"。

⑥ 感谢客人入住并与之告别。

刷卡时应注意是否超出限额、印迹是否清晰，请客人签名，把账单的其中一联交给客人。

3. 长住客人接待

长住客人与饭店签有合同，且留住饭店至少要 1 个月。

（1）入住接待。

① 长住客人到达时，按照 VIP 客人接待程序和标准进行接待。

② 将所有信息输入电脑，并注明"长住户"，为客人建立两份账单，一份为房费单，一份为杂项账目单；确认信息无误后，为客人建档。

（2）账目处理。

① 总台相关人员每月结算 1 次长住客人账目，汇总所有餐厅及其他消费账单连同房费单一起转交计财部。

② 计财部检查无误后，发给客人一张总账单，请其结清当月账目。

③ 客人检查账目准确无误后，携带所有账单到总台结账，总台将其已付清账单转交计财部存档。

4. 常见问题处理

（1）VIP 要求变更房号。

① 首先判断要求变更房号的时间，若在 VIP 客人抵达饭店前，则应首先记录更改人的姓名、工作单位、日期、时间、经手人，检查是否已报房号给接待单位。如果已报，则应及时通知有关接待单位（特别是营销部），并做好电脑更改。

② 若在客人抵达后，则需要通知接待单位和将 VIP 单发至的所有部门，并做电脑房号更改。

（2）VIP 要求换房。

① 客人未到达时要求换房，由预订处更改客人的入住信息后及时将房间变更单分发至各个部门。

② 客人入住后要求换房，除按散客换房处理外，必须通知大堂副理或部门管理人员，以确保服务周到。

（3）团队客人提前一天到达。

① 查看当天客情，确定是否可以安排，通知饭店该旅行团的负责人做好接待。

② 若本饭店无法安排该团队入住，则应先到就近的其他同等级或以上级的饭店订房，安排团队客人入住，费用由旅行社负责；若本饭店可以安排，则按一般散客接待入住，房价由上级领导决定。

（4）团队到达时，要求减少房间数量。

① 首先通知销售部该团队实际订房数量，以便销售部通知收银员为准备结账做好准备。

② 在团队单上注明取消的房号，取出钥匙，及时更改房态；通知客房中心、礼宾部、

总机取消的房号及餐饮具体的用餐人数。

（5）团体客人提出一些特殊要求。

① 客人如果提出要使用关闭的设施设备，如直拨程控电话、客房内设置的小酒吧等，接待员应请客人先交一定数量的押金或单立账项（最后一次性结账），然后通知客房部打开小酒吧，通知电话总机室打开长途直拨电话供客人使用。

② 当客人提出需要叫醒服务时，接待员应准确无误地记下客人的房号及叫醒的具体时间，随后正确地将叫醒服务的时间和房号报给总机，然后请总机复述一遍，并记下对方的姓名或工号。如果是团体客人入住时间超过两天以上的，则要把叫醒服务内容记录在交班本上。

③ 当客人提出留言、物品转交、寄存服务或信件邮寄服务时，则应按照饭店相关规定妥善处理。

（6）团体客人离团后要求续住的处理。

① 查看房间出租情况，向客人说明房价的不同。

② 请客人按散客重新登记，查验证件，确认付款方式，更改有关资料和门匙，将电脑资料改为散客。

③ 通知楼层台班及行李组，并记下对方工号。

前厅接待处须给每位登记入住的客人设立一个账户，供收银处登录该客人在饭店居住期间内的房租及其他各项花费（临时用现金结算的费用除外）。它是饭店编制各类营业报表的资料来源之一，也是客人离店结算的依据。一般情况下，饭店为散客立个人账户，团体客人设立团体账户。团体客人除综合服务费标准外，准备自行消费的，也可立个人账户。无论是个人账户还是团队账户，户头必须清楚、准确，尽可能详细，切忌混乱不清，特别是姓名、团名（号）、房号必须与住宿登记表内容保持一致。账户要分类归档，取用方便。

四、技能实战训练

各小组准备好所需工具，按照讲授课程的要求，以小组为单位，编写服务对话用语，分组进行实战训练。

任务三　前厅其他服务

一、学习任务说明

学习目标

★知识目标：（1）了解前厅系列服务的内容和标准。

（2）掌握商务服务的基本流程及标准。

（3）掌握总机服务的基本流程及标准。

（4）掌握收银服务的流程及标准。

★技能目标：（1）能完成订票服务。

（2）能完成总机服务。

（3）能完成收银服务。

★素质目标：培养应变能力、探索精神、团队协作的精神和语言表达能力。

学习结果

通过对该内容的学习，要求学员能够独立完成商务服务、总机服务、收银服务。

重点及难点

教学重点：收银服务基本流程和标准。

教学难点：收银服务基本流程和标准。

二、课前准备

（1）物品准备：教学视频、电脑、打印机、机票预订单、传真机、叫醒记录本、电话机、POS 机、房卡、钥匙、住店客人账单夹、次日离店客人名单、信用卡卡片等。

（2）场地准备：前厅实训室。

（3）分组安排：每组 4～5 人，选出一名组长。

三、相关理论知识

（一）问讯服务

（1）访客查询住客信息。

有关住客的房号、活动情况如住客无委托或留言，则对住客行踪予以保密。

（2）住客电话查询。

回答客人问题不能使用模棱两可的语言，更不能直接回答"不知道"，应做到热情、耐心、快速，有问必答，百问不厌；同时，要讲究接待与服务的语言艺术。

问讯员应具有广博的知识，普通话及外语流利；熟悉饭店各部门情况，熟悉饭店所在城市风光、交通情况；懂得交际礼仪及各国、各民族风土人情和风俗习惯。

（3）提供交通和旅游信息。

要掌握国际标准时制度，懂得时区的划分，了解时差及其计算方法。

（4）访客留言。

被访住客不在饭店或不方便接待时，需要建议访客留言；各班次交接班时应对上一班次和本班次留言处理情况交代清楚；留言传递要做到迅速、准确；楼面客房服务员予以配合，在住客回房间时提醒有关访客留言事宜。问讯员在确认住客已取到留言单后，要及时关闭留言灯。

（5）住客留言。

接受住客电话留言时，要听清住客留言内容，准确记录，经复述，被住客确认无误后再填写留言单，然后按留言服务程序办理。

交接班时将留言受理情况交代清楚；住客留言单上已标明留言内容的有效期限，即过了有效期来访客人仍未取走，也未接到留言者最近的通知，饭店才可以将留言单按作废处理。

（6）邮件服务。

饭店的各种报刊、邮件、留言单、住客的传真等，通常由行李员分送到客人房间或相应的部门，有些饭店则转设信使完成此类服务。通常情况下，乘坐员工电梯自高层向低层递送。

（二）商务代办

1. 打印／复印

打印是商务中心常见的服务项目，客人往往要求将写好的文稿用电脑打印成字迹清晰的印刷体文件，务必认真。

（1）主动迎接客。

当客人到来时，接待员主动向客人礼貌问候，如果自己正在忙碌，则向客人表示歉意，请客人稍等；如果接待员正在接听电话，应向客人点头微笑致意，示意客人在休息处稍候。

（2）了解客人要求。

① 向客人了解文稿打印／复印要求，包括排版要求、稿纸规格、打印／复印数量。

② 迅速阅读原稿，对文稿中不清楚或不明白的地方，礼貌地向客人了解清楚。

（3）接受打印／复印。

① 告知客人完成打印／复印的最快交件时间，同时向客人介绍收费标准。

② 当不能在短时间完成时，记录客人的姓名、房号和联系电话以便及时与客人联系。

③ 正式复印前，要调试好机器，先复印一份，得到客人认可后再按要求数量进行复印。

（4）校对稿件。

① 打字完成后，要认真进行校对。

② 请客人校审后，再次按客人要求进行校正，直到客人满意为止。

（5）交件收费。

① 将打印／复印文稿进行装订，双手将文稿递给客人。

② 对打印的原稿，要在征求客人意见后从电脑中删除掉，并将作废的稿件放入碎纸机中。

③ 按规定价格计算费用，办理结账手续。

（6）送别客人。

礼貌地向客人致谢、告别。将作废的稿件放入碎纸机前征求一下客人对稿件的处理意见，若客人同意做粉碎处理再置入粉碎机，并保证处理正常、有效；别忘了把复印的原件在复印完毕后交还给客人。

2. 文件装订

如果是店外客人，在装订前，要请客人先交付押金。

（1）识别规格。

拿到原稿后，首先识别纸张的规格；告诉客人收费标准；问明具体要求（如复印张数等）。

（2）打孔装订。

按要求将文件放在装订机上，按下打孔卡打出孔洞；按要求选择装订封皮与需装订的文件并码放在一起，按原件顺序装订。

（3）结账送客。

将装订好的文件双手递交给客人，然后开账单，礼貌地送走客人。

如果装订的文件比较厚，应分批进行，但要注意每批的打孔位置应一致；开账单时，如果客人签单，将账单的第一、三联交给结账处，第二联留底。

3. 接收传真

接收传真分为两种情况：一是客人直接到商务中心要求接收传真；二是接收到传真，将传真送交给客人。对第一种情况，接待员应按要求服务客人，收取费用即可。以下讲的是第二种情况的服务。

（1）接收传真。接到对方传真要求，给出可以发送信号，接收传真。

（2）核对传真。认真检查传真是否清楚齐全，核对传真上客人的姓名、房号，填写传真接收记录；将传真装入传真袋。

（3）派送传真。通知客人取件，或派行李员送交传真。

行李员送传真的程序是：将传真和收费单交给行李员，请行李员在传真取件单上签名，由行李员将传真交给客人，请客人付费或在账单上签字。

4. 发送传真

传真稿件的份数、收费标准及结账手续容易出错，须特别注意。如果是店外客人，请其先付押金。

（1）主动迎接客人。主动迎接客人，了解发送传真的有关信息，问清客人传真发往的国家和地区，认真核对发往国家和地区的电话号码；主动向客人介绍收费标准。

（2）发送传真。

① 认真核对客人交给的稿件，将传真稿件装入发送架内。

② 用电话拨通对方号码，听到可以传送的信号后，按"发送"键将稿件发出。

（3）结账送客。将原稿交还给客人，按规定办理结账手续，礼貌地向客人致谢、告别。

5. Internet 服务

（1）主动迎接录入。

（2）了解信息。

① 详细了解收件人的 E-mail 地址、客人发送的信件内容和有无附件以及附件的录入方法。

② 向客人介绍电子邮件的收费标准。

（3）邮件发送。启动计算机，连接 Internet，打开电子信箱，录入收件人的 E-mail 地址及邮件内容。

（4）结账道别。按规定办理结账手续；向客人致谢道别。

6. 洽谈室出租服务

我国《旅游涉外饭店星级的划分及评定》规定，四五星级饭店商务设施应有可以容纳不少于 10 人的洽谈室，洽谈室服务包括洽谈室出租及客人会议洽谈期间的服务两学习情境。

服务要求主要包括坐席卡、热毛巾、鲜花、水果、茶水、文具等方面的信息要求；设备要求是指对横幅、指示牌、投影、白板、麦克风等的要求。

7. 预订车辆（Booking Taxi）

根据预订部提供的有关通知及预抵店客人名单、国籍等信息，提前通知机场饭店代表和车队。

出租车可以是饭店本身拥有的，也可以是出租车公司在饭店设点服务的，或是用电话从店外出租公司叫车，根据客人的要求，也可提前预订包车。

8. 衣物寄存

饭店有宴会、舞会、文艺演出及大型会议等较大规模活动时，一般由礼宾部安排人员承担客人衣物寄存服务。认真保管客人所存衣物，闲杂、无关人员不得进入存衣处。

9. 转交／快递物品

转交物品，分住客转交物品给访客和访客转交物品给住客两种。易燃易爆物品、淫秽物品、毒品、危险品拒绝转交。

10. 订票服务

旅行社组织的团队客人一般是旅行社自行解决，散客和一些会议客人则通常要求为其代购车、船、机票。在旅游旺季能否代客人解决票务问题，是饭店能否吸引客人、扩大客源的重要条件之一。

（1）问清要求。

① 住店客人提出预订机票、火车票，或提出修改航班、车次等要求时，礼宾台值班员应询问清楚客人的要求，按饭店规定的受理票务规程办理。

② 填写订票委托单时，应当面向客人说明，如果不能预订到指定日期的票，可否改买其他日期的航班或车次。

（2）预收票款。预收订票款，并在订票委托单上注明"已收订票款"，必要时请客人出示或留下身份证件、护照。

（3）取／送票记录。按时取票、送票，并当面将客人的身份证件、票款余额及有关收据等如数交给客人；填写工作记录。

11. 订餐服务

尽量与客人面谈后再推荐当地有特色的餐厅（餐馆）。接受订餐的过程中，一定不要凭主观臆断，轻易地代替有关预订餐厅（餐馆）向住客许诺什么。

12. 贵重物品保管

每个班次均应统计、核定全部保管箱使用、损坏状况，并在保管箱使用登记本上记录各项内容。贵重物品保险箱（Safe Deposit Box）：是饭店为住客免费提供临时存放有效贵重物品的一种专门设备。该设备是由一组小保管箱或保险盒组成，其数量通常按饭店客房数的 15%～20% 来配备。目前大致分为两种，一种是饭店在前厅收款处，或附近的一间僻静的房间内配备，每个箱子都备有两把钥匙：一把为总钥匙（Master Key），由前厅收款员负责保管，另一把由客人亲自保管；还有一种是饭店在客房内配备的一种小型保险箱

（In-Room Safebox），供住客存放贵重物品。保管箱的使用关系到客人财产、重要证件和资料的安全，饭店对客用保管箱使用有严格的规定。

四、离店结账服务

1. 预期离店客人结账服务

客账累计方法：

• 按住客分户账记账，离店结账时一并付清。

• 核收各经营部门转交的账单，逐笔记录发生的各项费用，日清月结。

• 团队结算按协议付账，通常做到"日清月结、一团一结"。

（1）发放通知书。向次日离店客人房间发放离店结账通知书，由客务经理或收银员通过电话联系等方式进行通知。

（2）打印次日离店客人名单。总台夜班接待员按时打印次日离店客人名单。未使用计算机的饭店可根据客房状况卡条记录进行统计。

（3）核查账单。收银员核查预期离店客人账夹内的账单，问讯员检查有无客人信件、留言、需要转交的物品等。

2. 收银结算

（1）现金结算。

• 饭店各收银员应增强防盗、防劫意识，接受各种主要货币伪钞辨识的训练，同时也应该配备防伪辨别器材，如紫外线辨识器、验钞笔等。

• 如果客人用现金结账，入住时则要交纳一定数额的预付金。预付金额度应超过住宿期间的总房租数，具体超过多少，由饭店自定，一般为一天的房租，结账时多退少补。大型饭店，预付金由前厅收银员收取，中小型饭店由接待员收取。

① 礼貌迎客。

• 礼貌地询问客人的姓名、房号，请客人出示钥匙牌或房卡。

• 计算客人住店期间的所有消费额，同时开列"现金结账单"。

• 请客人确认并签字。

② 唱收现金。

客人将现金交给收银员时，收银员应唱收现金数量（如果是外币现金，则应在账单上加盖"外币币种"字样的印章)，并验钞。

③ 复核交还客单。

• 依据账单复核钱款数额无误后，收下现金并唱付找零，开发票。

• 在客单上盖"付讫"字样的印章后，把客单的客人联与找零一起交还给客人。

④ 保存客单。

保存好客单的其余联，以备审核、统计；礼貌道别。

现金结算是饭店最受欢迎的结算方式。现金结算可以加速资金周转，提高资金的运作效率；但现金收入量较大对收银员增加了一定的工作责任。

（2）信用卡结算。

常见的有中国银行长城卡、中国工商银行牡丹卡、中国农业银行金穗卡、中国建设银行龙卡等；国外信用卡主要有 JCB 卡、运通卡（American Express）等。

① 迎客验卡。

• 礼貌地询问客人的姓名、房号，请客人出示钥匙牌或房卡。

• 查看客人信用卡是否为饭店接受的种类，让客人在客单上签名并查看客人签名是否与信用卡背签相符。

• 检查信用卡反光标记、查验信用卡号码是否有改动的痕迹。

• 根据最新收到的"黑名单"或"取消名单"，检查信用卡号码是否在被取消之列。

• 检查信用卡的有效日期及适用范围。

• 检查持卡人消费总额是否超过该信用卡的最高限额（若超额，应向银行申请授权）。

② 压印、填写账单。

• 将信用卡上的全部资料清楚地压印在账单上，刷卡的日期要正确。

• 收银员在压印好的签购单上填写客单上的消费总计数，并交给客人签字认可。

③ 还卡开单。

• 在"客单客人联"上盖上"付讫"字样章，将其与签购单的持卡人联、信用卡放入信封一起交还给客人。

• 把签购单其余各联和客单其余各联存放好，另两联或三联签账单交财务部处理。

• 把信用卡还给客人并向客人致谢道别。

客人的现场签名如果与信用卡背面的签字不符，可请客人再签一次；如果还不符，可向银行查询。

（3）现金支票结算。拒绝接受字迹不清、过时失效、打印或书写不规范及第三只手的支票；检查支票是否是挂失的或失窃的支票。

① 迎客验票。礼貌地询问客人的姓名、房号，请客人出示钥匙牌或房卡，检查支票真伪及是否有效。

② 背签或盖章并填入金额。支票真伪、有效确定无误后，请付款方在现金支票背面签名或盖章，并记下付款人的工作单位、证件号码；再根据客单上总计消费数额，填入现金支票金额栏。

③ 保存客单。将客单盖上"付讫"章后交客人收执，保存好客单其余联，向客致谢道别。

检查客人入住登记表上的签字是否与支票上的签字相符；核实客人的证件并登记号码。

（4）转账结算。客人若要以转账方式结账，这一要求一般在其订房时就会向饭店提出，并经饭店有关负责人批准后方可。如果客人在办理入住登记手续时才提出以转账方式结账，饭店通常不予受理；开立支票必须使用钢笔填写，并且书写清楚，正确无误。

① 迎客验票。

• 礼貌地询问客人的姓名、房号，请客人出示钥匙牌或房卡。

• 检查转账支票内容齐全、完整与否，是否有付款单位名称及其开户银行的账号，以及是否在有效期内。

② 背签交单保存。

• 请客人在客单上签署姓名、单位名称及地址。

• 把支票付款人联与客单客人联一起交还给客人。

• 把支票其余联保管好，并把客单其余联存放好。

（5）外币兑换。如客人使用新版外币或从未兑换过的外币，应婉言谢绝客人。

① 外币现钞兑换。

• 当客人前来办理外币兑换时，先询问其所持外币的种类，看是否属于饭店兑换的范围。

• 礼貌地告诉客人当天的汇率以及饭店一次兑换的限额。

• 认真清点外币，并检验外币的真伪。

• 请客人出示护照和房卡，确认其住客身份。

• 填写水单，内容包括外币种类及数量、汇率、折算成人民币金额、客人姓名及房号。

• 客人在水单上签名，并核对房卡、护照与水单上的签字是否相符。

• 清点人民币现金，将护照、现金及水单的第一联交给客人，请客人清点。

② 外汇旅行支票的兑换。

旅行支票（Traveller's Cheque）是银行或大旅行社专门发行给到国外旅游者的一种定额支票，旅游者购买这种支票后，可在发行银行的国外分支机构或代理机构凭票付款。旅游者在购买支票时，需要当面在出票机构签字，作为预留印鉴。旅游者在支取支票时，还必须在付款机构当面签字，以便与预留印鉴核对，避免冒领。

• 了解客人所持旅行支票的币别、金额和支付范围，以及是否属于饭店的收兑范围，并告知当日估算价。

• 必须与客人进行核对，对其真伪、挂失等情况进行识别，清点数额。

• 请客人出示房卡与护照，确认其住店客人身份，请客人在支票的指定位置当面复签，然后核对支票初签和复签是否相符，支票上的签名是否与证件的签名一致。

• 外币种类及数量、兑换率、应兑金额、有效证件（护照）号码、国籍和支票号码等，填写在水单的相应栏目内。

• 请客人在水单的指定位置签名，并注明房号。

• 按当天汇率准确换算，扣除贴息支付数额。

• 订存支票。

在持票人兑换支票时，收银员应让其出示有效证件，核查证件上的相片是否为客人本人，再查看支票上的签名是否与证件上的签名一致，然后在兑换水单上摘抄其支票号码、持票人的证件号码、国籍，并在旅行支票的背面记上客人的证件号码。

（6）散客结账。

① 问候核实。

• 问候客人，弄清客人是否结账退房。

• 确认客人的姓名、房号、来店日期，并与客人账户核对。

• 检查客人的退房日期，如果客人是提前退房，收银员应通知相关部门。

• 核实延时退房是否需要加收房租。

② 通知楼层。

• 通知楼层查房，检查客房小酒吧酒水耗用情况、客房设施设备的使用情况，以及客人是否拿走房内的日常补给品。

• 委婉地问明客人是否还有其他即时消费（半小时内），如电话费、餐饮费等。

③ 完成结账。

• 将已核对过的客人分户账及客人的账单凭证交客人过目，并请客人签名确认。

• 确认付款方式，客人完成结账，如客人入住时交了押金，要收回押金条。

• 收回客人的房卡和钥匙，检查客人是否有贵重物品寄存，并提醒客人。

④ 行李服务及告别。

• 通知行李员提供行李服务，并询问能否为客人的下次旅行提前订房。

• 感谢客人，告别客人，祝福客人。

⑤ 更新资料。

• 弄清客人是否预订日后的客房，或者预订本饭店连锁管理集团属下的其他饭店客房。

• 更新前厅相关信息资料，如房态表和住客名单等，将客人结账离店的消息通知相关部门，如让总机关闭长途电话等。

⑥ 统计存档。

做好账、款的统计工作和材料的存档工作，方便夜间审计。

在查阅客人账单时，应该利用与客人接触的最后一个机会，询问客人的住店感受、是否需要在他的下次出门旅行提前订房。离店结账绝不仅仅是收回消费款项的简单过程。

（7）团队结账。

现代饭店为方便客人结账，通常在当日安排前台人员向次日预离店客人送达"离店结账通知单"，或在房间闭路电视中安装查账系统，使客人提前了解在店消费状况。总台夜审将各账点产生的客账予以稽核，为次日离店客人顺利结账奠定基础，避免客账累计过程中出现差错，及时给予纠正，从而提高服务效率，确保完成营收入账。

如预订单标明付款方式为转账，要请付款单位陪同人员在转账单上签字确认，并注明转账单位以便将来结算。凡不允许挂账的单位，其团队费用一律到收款处现付。团队客人的房价不能透露给客人。

① 准备复查。

在团队结账前半小时做好相关的准备工作，复查一遍团队账目，确认是否均按相关要求入账、所有附件是否齐全等；领队或陪同人员前来结账时，应请其递交账单，检查并签名认可。

② 告知查房。

将结账团队的名称（团号）告知相关楼层服务员，通知其查房。

③ 打印账单。

为有账目的团队客人打印账单，请客人付款。

④ 收回房卡和钥匙。

若客人转账付款，则须做到转账和客人自付分开。通常接待单位或旅行社只支付房租及餐饮费用，其他杂项，如电话费、洗衣费、酒水费则由客人自付。

3. 客人离店后相关工作

（1）交款填表。

清点好款项，按币种分类，填写交款表，然后将现金交给饭店总出纳。

交款方式分为直接交款方式和信封交款方式。直接交款，即由收银员将现金直接上交给总出纳。信封交款是由于饭店总出纳晚上不当班，而采用把款项用信封装好投入指定的保险箱的方式。开启保险箱时需要由总出纳和财务主任保管的两把钥匙同时使用才能开启。

（2）整理账单。

① 把已经离店结账的账单按照"现金结算收入""现金结算支出""支票结算""信用卡结算""挂账结算"等类别进行汇总整理。

② 把入住客人的保证金付款单据等分类整理。

③ 每类单据整理好后，计算出合计金额，把合计金额的纸条附在每一类单据的上面，以便核对。

（3）编制收银报告。为了确保每天客账的准确性，收银员在下班前必须编制收银报告，收银报告包括明细表和汇总表等。

① 收银员明细表（Cashier Statement（Detail））房号、账号、时间（入账时间）、单号（入账单据的号码）、费用账项（应向客人收取的费用金额）、现金（住客付的现金）、信用卡（客人用信用卡签付的金额）、转账（指转为外账或挂账结算的金额）、支票（收进的支票）、现金支出（指退给客人的现金）。

② 前厅收银汇总表（Cashier Statement）前厅收银员当班收银汇总表分为两大栏：借方和贷方。借方栏列出该收银员经手记入的各住客账户的费用额，即饭店应收住客的款项，内容为各种消费单。贷方栏列出该收银员当班办理结账的数额，即饭店应收住客的减少数额，内容为结算方式如现金、信用卡、转账、支票等。

（4）核对账单、现金及收银报告。

① 核对账单和收银报告把整理好的账单和收银报告总表的有关项目进行核对，即将住客消费单汇总表上"借方栏"的有关项目逐个核对，将现金结算、信用卡结算、转账、支票等单据与汇总表的"贷方栏"项目逐一核对。如发现有误，则将不符的项目与收银员明细表中的有关项目进行核对，及时更正。

② 核对现金与收银报告两个收银报告中的"现金（进入）"项目与"现金（支出）"项目比较，其差额就是"现金应交款"。如不符，应立刻查找原因。

（5）送交夜审。

现金核对准确后，按饭店规定上交饭店总出纳，同时将账单和收银报告按饭店规定移交和分发，准备夜审。

4. 夜间审计

夜审员（Night Auditor），主要由收银处夜间工作人员承担，其主要职责是进行营业情况的总结与统计工作，进行饭店的内部控制以及向管理层及时反馈饭店每日的经营状况。在小型饭店，夜审员往往身兼数职，除了夜间稽核的工作外，还同时承担前厅部的夜班值班经理、总台接待员和出纳员等工作，接受前厅部和财务部的双重领导。由于各饭店规定的夜审员的岗位职责不尽相同，因此，夜间核账的工作程序也有所不同，但大多数饭店的夜间审计工作有如下要求：

（1）做好准备。

① 夜审员必须在晚上 11:00 之前到达前台办公室。

② 检查收银台上有无各部门（主要指无电脑、未联机的部门）送来的尚未输入电脑

的单据，如果有，就将其输入电脑，并按照房间号码进行归档。

③ 检查前厅收银员的收银报表和账单是否全部交来。

④ 检查前厅收银员交来的每一张账单，看房租和住客在饭店内的消费是否全部计入，转账和挂账是否符合制度等。

（2）预审对账。

① 将各类账单的金额与收银员收银报告中的有关项目进行核对。

② 打印整理出一份当天客房租用明细表，内容包括房号、账号、客人姓名、房租、入店日期、离店日期、结算方式等。

③ 核对客房租用明细表的内容与前台结账处各个房间账卡内的登记表、账单是否存在差错；如发现不符，应立即找出原因及时更正，并做好记录。

④ 确定并调整房态。

（3）检查单表。

① 检查退账通知单上的内容，确定其是否符合退账条件。

② 检查审核账务更正表。

③ 经过上述工作，确认无误后，便用电脑将新的一天房租自动计入各住客的客人分户账（或人工计入）；编制一份房租过账表，并检查各个出租客房客人的房租及其服务费的数额是否正确。

（4）试算打印。

① 对当天所有账目进行试算，确定是否平衡。

为了确保电脑的数据资料准确无误，有必要在当天收益全部输入电脑后和当天收益最后结账前，对电脑里的原数据资料进行一次全面的查验，这种查验称为"试算"。这种试算分三步进行：第一步，指令电脑编印当天客房收益的试算表，内容包括借方、贷方和余额三种学习情境；第二步，把当天前厅收银员及各营业点交来的账单、报表按试算表中的项目分别加以结算和汇总，然后分项检查试算表中的数额与账单、报表是否相符；第三步，对试算表的余额与住客明细账的余额进行核对。住客明细账所有住客账户的当日余额合计数必须等于试算表上最后一行的新余额。如果不等，就说明出现了问题，应立即检查。

② 与客房部、餐饮部、商务中心等部门对账，所有数字一致后，打印当日各部门营业收入日报表、饭店营业收入报表。

③ 做好签字、交接班工作。

夜间审计是饭店每日必须进行的一项工作，通过夜间审计以保持各账目的最新的和准确的记录，进而开展营业情况的总结与统计工作。

五、技能实战训练

各小组准备好所需工具，按照讲授课程的要求，以小组为单位，编写服务对话用语，分组进行实战训练。

模块三　客户关系及销售服务

任务一　投诉的受理

一、学习任务说明

学习目标

★知识目标：（1）了解客人投诉的类型。

　　　　　　（2）掌握饭店对客人投诉的正确态度。

　　　　　　（3）掌握饭店对客人投诉的处理程序。

★技能目标：能完成客人投诉处理。

★素质目标：培养应变能力、探索精神、团队协作的精神和语言表达能力。

学习结果

通过对该内容的学习，要求学员能够独立完成客人投诉受理。

重点及难点

教学重点：客人投诉的处理程序。

教学难点：酒店对客人投诉的正确态度。

二、课前准备

（1）物品准备：教学视频、电脑、大堂副理工作桌椅一套、客人座椅一张、投诉接待本等。

（2）场地准备：前厅实训室。

（3）分组安排：每组 4～5 人，选出一名组长。

三、相关理论知识

（一）宾客投诉的原因

1. 宾客满意与宾客投诉分析模型

宾客感受 > 宾客期望——宾客惊喜。

宾客感受 = 宾客期望——宾客满意。

宾客感受 < 宾客期望——宾客抱怨或投诉——宾客满意（妥善解决）。

2. 投诉的原因

（1）对服务质量不满（服务态度、服务效率投诉）。

对服务质量不满的投诉主要有粗鲁的语言、不负责任的答复或行为，冷淡态度，爱理不理的接待，过分的热情等，减少客人对服务态度与服务质量投诉量的办法就是加强饭店服务意识的培训，这种培训可及时、有针对性地在班前班后来进行。对于服务质量的投诉，主要有服务员没有按先来先服务的原则提供服务，排错房间，邮件迟误，无人帮运行李，电话接转速度慢等。这些问题在旺季容易发生，解决的方法是加强服务技能技巧的培训，提高服务的准确、快捷。

（2）对设施设备不满。

对设施设备不满的投诉主要有空调、照明、供水、家具、电梯等方面，饭店应建立对各种设备的检查、维修保修制度，设立专门的检查维修人员，尽量减少这类问题的发生。一旦发生这类投诉，大堂经理应马上到现场调查，根据情况通知有关部门采取措施。跟办后，再次与客人联系，确认客人要求已得到满足。

（3）对产品不满。

对产品不满的投诉是指：客房有异味；寝具、食具、食品不洁；食品变质、口味不佳等。

（4）由于突发事件（特殊情况）造成客人不便。

对因突发事件造成客人不便的投诉主要有无法买到机票、车票，饭店应尽最大的努力，通过一切渠道予以帮助解决。如实在无能为力，应将努力的经过及时告诉客人，求得客人谅解。

3. 正确认识宾客投诉

（1）宾客投诉最需要什么？

• 想快速简捷地得到处置；

• 得到理解和尊重；

• 负起责任，给一个说法；

• 赔偿或补偿；

• 解决问题，不让它再次发生。

（2）宾客为什么不投诉？

不习惯；不愿意；不相信；怕麻烦。

（3）宾客投诉的必然性。

（4）宾客投诉的双重性。

积极因素；消极因素。

（5）宾客投诉对饭店的作用。

• 可以帮助饭店管理者发现服务与管理中的问题与不足；

• 为饭店提供了一个改善宾客关系、挽回自身声誉的机会；

• 有利于饭店改善服务质量，提高管理水平。

（二）客人投诉的特性

通常情况下，饭店客人投诉具有以下几个方面的特点：

（1）投诉的突发性并要求迅速回应与解决。

饭店客人在饭店逗留时间有限，尤其是非当地客人投诉时常常要求饭店在极短的时间内当场解决。因此，在饭店实践中要求具有应对紧急事件的能力和方案，同时也要求具有相应的快速反应能力。

（2）投诉要求饭店予以尊重和重视。

客人对某一方面或某些方面进行投诉的时候，即使出现了主观的错误判断或认识，也要求饭店工作人员能尊重其反应，能体现出谦恭、认真的态度，并且能够给予适当的解释和感谢，否则客人会有一种挫败感及失落感，从而也会降低或阻碍对饭店的选择。

（3）投诉的频率不确定性。

饭店客人便利程度与处理速度、饭店与客人的关系以及客人感知饭店改进程度等因素会影响客人投诉的频率、次数以及意愿等。同时，也会在相当程度上影响客人对饭店满意度的最终评价。

【特别提示】 饭店客人投诉具有强烈的主观性，对饭店产品和服务的评价以自身的认识和感受为标准，在个人当时状态以及周围因素的影响下，会进一步激化情绪，使投诉行为朝着更情绪化的方向发展。因此，在饭店实践中，一方面，处理客人投诉问题要慎重，尤其涉及对员工或部门评价的时候一定要弄清事实，以防弱化员工的工作积极性；另一方面，对于客人投诉问题，饭店如果能采取正确的处理方法和技巧，那么就可以在一定程度上降低或平息客人投诉对客我关系的负面影响。

（三）宾客投诉心理与性格分析

1. 投诉宾客的心理

（1）善意的投诉。

• 真心、热情提出建议：生活严谨认真的客人。

• 想表现自己见多识广：表现欲强且有一定知识的客人。

• 想挽回损失、保全面子：自我保护意识强的客人，了解服务规范。

（2）恶意的投诉。

• 借题发挥：自控力不强或遇事反应太强的客人。

• 无理取闹：无端生事、情绪不稳定、素质较低的客人。

• 有意敲诈：存心不良、另有他图的客人。

2. 投诉宾客的心态

（1）求尊重。

（2）求理解。

（3）求补偿。百分之八十的宾客会选择补偿，有些客人无论饭店方有无过错，或问题不论大小，都会前来投诉。其真正目的不在事实本身，而在于求补偿，尽管他们可能一再强调"这不是钱的事"（商务型宾客）。

（4）求发泄。

（5）求试探。

3. 投诉宾客的性格分析

（1）理智型客人投诉。

理智型客人如果在酒店居住，若受到某种冷遇服务，或受到某种较为粗鲁的言行或某种不礼貌的服务，会不满、生气。但这种客人不会明显流露，更不会因此而发怒。这类客人多受过良好的高等教育，既通情达理又会在发生问题时以冷静和理智对待问题，因而对于此类客人投诉的问题，比较容易处理。对此类客人表示同情，并立即采取措施、提出解决问题的方案及时帮助客人解决问题，他们便会发出感谢之语。

（2）失望型客人投诉。

失望型客人投诉的主要问题是客人在酒店预先预订的服务项目，如电话订房、预订餐位、送餐、叫醒等被酒店粗心服务而被遗忘、失约。在这种情况下，会引起客人的失望、不满其至发火。只要从这类客人的高声语言和出现手势的动作便会了解到，是酒店耽误了他们的重要活动。处理这类投诉时，首先要道歉，再立即采取必要的补救措施，使他们消火、息怒。

（3）发怒型客人投诉。

发怒型客人在酒店受到不热情、不周到的服务时，或碰到服务员粗鲁言行接待、受到冷遇时，会怒气冲天，并以较高的声音、不断的手势以及快速移动的脚步、身躯与服务人员讲道理、评事由，并要求酒店承认错误和过失。对于发怒型客人投诉的问题，首先要使他们息怒、消气，然后再认真听取他们的批评意见，采取相应的解决措施。

不论是哪一种的客人的投诉，都在某些方面反映了酒店的问题或是不足，在各种各样的投诉当中，酒店可以发现许多应该改进或可以改进的问题。酒店时时刻刻都在运作，就会时刻有出现问题、投诉的可能。

【特别提示】 在处理客人投诉的全过程中，要坚持做到三个不放过：事实不清不放过；处理不当，客人不满意不放过；责任人员未接受教训不放过。

对于客人的来函、来电投诉，除了上述处理要点外，还应将调查结果、解决方法、争取客人的谅解、表达歉意等写成信函尽快寄给客人。值得注意的是，信内最好有总经理的签名。随后复印客人的原始投诉资料，并将其存档或录入客史档案，以引起今后重视。

（四）应对客人投诉的相关措施

对于饭店发展来说，尽管客人投诉在一定程度上会对饭店的发展带来一定的有利的契机，但毕竟也表明饭店产品和服务在供给上存在问题，尤其是饭店应该做到的或有条件逐步做到而实际上却未做到，不利于饭店长期发展。因此，饭店在实践中应该采取一些措施尽可能地让客人感到满足。

（1）建立完善机制和文化。建立持续不断完善饭店经营管理能力的机制和组织文化，能正确看待和识别客人投诉给饭店带来的正负面影响，并融合到饭店经营管理当中，推动饭店进一步发展。

（2）建立交叉功能团队。建立交叉功能团队负责对客人投诉内容的分析与解读，通过专家小组对相关问题的分析与研究，提高饭店在经营管理方面的理论性和逻辑性，为饭店科学化的发展打下坚实的基础。

（3）给予员工受理投诉的权利。给予员工充分的受理投诉的权利的资源保证，并明确其受理投诉的责任和义务。饭店只有及时、有效地解决客人的投诉，才能为饭店发展创造更好的市场声望和口碑，也有利于客人满意度的提升，而这些结果来自于饭店每一个员工的努力。因此，为每一个员工创造一种宽松、良好的受理投诉环境对饭店发展是至关重要的。

（4）建立科学客观的评价体系。建立科学、客观的评价员工和部门的体系，并具有适当的宽容度。在客人投诉中，客人相对于员工或部门有更多或更强的话语权，尤其对于最普通的员工来说更是明显。因此，建立正确、客观的评价体系，有利于提高员工工作的积极性和主动性。同时，适当的宽容度有利于良好工作氛围的形成和发展，也会提高员工对饭店的忠诚度。

（5）加强专门培训。良好的受理投诉的技巧和艺术有利于提高客人满意度以及忠诚度，而相关技巧和艺术需要经验的积累，以及相关人际关系理论的应用。因此，在饭店实践中加强应对技巧和艺术的培训是非常必要的。

【特别提示】　处理客人投诉既是一门艺术，又是一门科学。说它是艺术，因为需要和客人打交道，要处理他们的金钱与感情的问题；说它是科学，因为只有科学地掌握了修复、补救服务的工作程序才能做好投诉的处理。

四、技能实战训练

各小组准备好所需工具，按照讲授课程的要求，以小组为单位，编写服务对话用语，分组进行实战训练。

任务二　前厅客房销售的针对性服务

一、学习任务说明

学习目标

★知识目标：（1）掌握前厅客房销售的基本知识和程序。
　　　　　　（2）掌握前厅客房销售的方法和技巧。
★技能目标：能够独立完成前厅客房销售服务。
★素质目标：培养应变能力、探索精神、团队协作的精神和语言表达能力。

学习结果

通过对该内容的学习，要求学员能够独立完成前厅客房销售服务。

重点及难点

教学重点：前厅客房销售的基本知识和程序。
教学难点：前厅客房销售的方法和技巧。

二、课前准备

（1）物品准备：教学视频、电脑、计算器、房价表、饭店近期推出的客房促销及奖励活动计划、便签等。
（2）场地准备：前厅实训室。
（3）分组安排：每组 4 ~ 5 人，选出一名组长。

三、相关理论知识

（一）前厅销售的内容与要求

1. 内容

前厅销售的不仅仅是客房，还包括饭店的其他产品与业务以及饭店的服务质量和形象。前厅销售具体内容如下：

（1）饭店的地理位置。饭店所处地理位置是影响客人选择入住的一个重要因素，交通便利程度、周围环境状况等，都是前厅员工用来推销的素材。

（2）饭店的有形产品。豪华舒适的客房、齐全有效的设施设备是销售的重要条件。前厅员工必须全面掌握饭店产品的特点及其吸引力。

（3）饭店的服务。服务是前厅销售重要的产品，前厅员工更应努力提高自身的服务意识和技能水平，为客人提供礼貌、高效、周到、满意的服务。

（4）饭店的形象。饭店形象是最有影响的活广告，它包括饭店历史、知名度、信誉、口碑、独特的经营风格、优质的服务等。前厅作为饭店形象的代言人，应自觉维护和创造饭店的良好形象。

2. 要求

（1）销售准备。

① 熟悉并掌握本饭店的基本情况和特点。熟悉并掌握饭店的基本情况和特点，是做好前厅销售工作的基础。前厅员工应对饭店的地理位置及交通情况、饭店等级及类型、饭店经营目标及客源市场、饭店服务设施与服务项目内容及特色、饭店有关销售方面的政策和规定等进行全面的了解、掌握，以便在销售中灵活运用。

② 做好日常销售准备工作。做好日常销售准备工作，是保证销售有效实施的先决条件。前厅部管理者必须保证前厅各个区域的工作环境有条理、干净、整洁；对客服务中使用的设施设备安全、有效；员工仪表仪容达到饭店规定的标准；准确预测客情并做好人力、物力资源的安排。

（2）销售实施。

① 认真观察分析客人的要求和愿望。正确把握客人的特点及消费动机，有目的、有针对性地销售适合客人需要的产品，满足客人物质和心理需求。

② 表现出良好的职业素养。前厅是给客人留下第一印象和最后印象的场所，客人对饭店的体验和了解是从前厅员工开始的。真诚的微笑、礼貌的语言、得体的举止、高效规范的服务是前厅销售成功的基础。

③ 加强销售过程的督导和控制。前厅管理者在销售服务过程中，必须亲临现场，主动征求客人意见，亲自为客人服务，帮助遇到困难的员工，及时发现并解决服务和管理中可能出现的问题。

（二）前厅销售的流程与技巧

1. 销售流程

前厅客房销售可分为以下五个步骤：

（1）把握特点。前厅销售人员应根据客房产品的特点、客源的种类及其需求，灵活运用销售技巧进行销售。不同类型的客人有不同的特点，销售的方法也有所不同。如因公出差的商务客人，对房价不太计较，但对服务的要求比较高，希望能得到快速、高效的服务，且使用饭店设施、设备的机会较多，回头率相对高。针对这些特点，前厅销售人员应向他们重点推销环境安静、光线明亮、商务办公设施设备用品齐全、便于会客、档次较高的客房；对度假观光的客人，应向他们推销环境幽雅舒适、有景观且价格适中的客房等。

（2）介绍产品。前厅销售人员在把握了客人的特点之后，应适时地向客人介绍客房及其他产品。对第一次来饭店的客人，应尽可能地向客人介绍客房的优点和独特之处，如特色的房型、理想的位置、宽敞的面积，新颖的装潢、美丽的景观等，并强调这些优美和独特之处能给客人带来的利益和好处。对常来店的客人，销售人员应抓住时机向其推荐饭店新增的且适合他们的产品。前厅销售人员介绍的内容及介绍的方式，也会加深客人对饭店的印象。

（3）洽谈价格。价格是客人最为关心，也是最为敏感的内容。前厅销售人员在销售客房时，应强调客房的价值，回答客人最希望了解的关键问题，即"我付了这个房费后，能得到什么？是否值得？"努力使客人认同饭店产品的价值，避免硬性推销。

（4）展示客房。为了促进客房产品的销售，前厅应备有各种房型的宣传资料供客人观看、选择，有条件的饭店可在大厅醒目位置配备电脑显示屏幕，让客人对客房产品获得感性认识。必要时，还可以在征得客人同意的情况下，带领客人实地参观客房，增强客人对客房产品的认识。在展示客房中，销售人员要自始至终表现出有信心、有效率、有礼貌。如果客人受到了殷勤的接待，即使这次没有住店，也会留下美好的印象。

（5）达成交易。经过上述步骤，当意识到客人对所推荐的客房感兴趣时，前厅销售人员应主动出击，可用提问的方式促使客人做出选择。如："您想试用这间客房吗？您的选择是值得的！"等，客人认可后，应尽快给客人办理入住登记手续，并对客人的选择表示诚挚的谢意和良好的祝愿。

2. 销售技巧

一名优秀的前台销售人员，不仅要掌握客房销售的内容、要求和程序，还必须掌握一定的客房销售技巧，并运用销售艺术，有效地促进销售。常见的销售技巧有：

（1）正确称呼客人姓名。在销售过程中，若能亲切地用姓名称呼客人，就会使客人产生一种亲切感，拉近饭店与客人之间的距离，有利于销售。

（2）倾心聆听，及时释疑。在销售过程中，要善于从客人的谈话中听出对方的需求和意愿，对客人不明之处、不解之意要及时释疑，免去误会，以利销售。

（3）注意语言艺术。在销售过程中，要态度诚恳，用热情、友好的语言鼓励客人将需求和盘托出，坚持正面表述，如："您真幸运，我们恰好还有一间不错的客房。"而不能说："这是最后一间客房了，你要不要？"

（4）强调客人利益。在销售过程中，由于客人对产品价值和品质的认知度不同，销售人员应及时将产品给客人带来的益处告知客人，促使其购买。如："这类客房价格听起来高了一点，但是客房的床垫、枕头具有保健功能，还配有冲浪设备，可以让您充分得到休息和享受。"

强调客人的利益这一技巧还可用在二次推销上，如销售人员向一位预订了低价房的客人说："××先生，您只需多支付40元，就可享受包价待遇，这个价格除了房费以外，还包括了早餐或一顿正餐。"

（5）选择适当的报价方法。对客报价是前厅销售人员为扩大客房产品的销售，运用高超的口头描述以引起客人购买欲望的一种推销方法。在实际工作中，有针对性地适时采用不同的报价方法，才能达到最佳销售效果。销售中常见的报价方法有：

① 从高到低报价。从高到低报价也称高码讨价法，即向客人推荐适合其需求的最高价格的客房及其特点。被推荐的客人可能会有两种反应：一是接受了所推荐的客房；二是拒绝了所推荐的客房。这时销售人员可逐一推荐价格低一个档次的客房及其特点，直至客人做出选择。这种相互作用的方法，使得许多客人相信，他们拒绝了最高价格的客房，选择了中、低档价格的客房是明智的。这种报价方法适用于未经预订、直接抵店的客人。

② 从低到高报价。从低到高报价也称利益引诱法，即向客人先报最低价格的客房，然后再逐渐走向高价客房。销售人员在报出低价客房的同时，应积极推销饭店有特色的附加服务，尤其是重点强调在原收费标准的基础上稍微提高一些价格，便能得到很多实惠。许多客人在利益的诱惑下，会接受偏高的价格。实践证明，这种报价方法对饭店的稳定和扩大客源市场起着积极作用。

③ 选择性报价。选择性报价是将客人消费能力定位在饭店价格体系中的某个范围，做有针对性的选择推销。销售人员要能准确地判断客人的支付能力，能够客观地按照客人的要求选择适当的价格范围。

④ 根据房型报价。根据房型报价是根据客房产品优势即卖点设计的。它有以下三种方式：

•"冲击式"报价。"冲击式"报价是先报出房间的价格，再介绍客房所提供的服务设施和服务项目及特点。这种报价方式比较适合推销低价房。

•"鱼尾式"报价。"鱼尾式"报价是先介绍客房所提供的服务设施和服务项目及特点，最后报出房价，突出客房物有所值，以削弱客人对价格的敏感度。这种报价方式比较适合推销中档客房。

•"三明治式"报价。"三明治式"报价是将价格置于提供的服务项目中进行报价，以削弱价格分量，增加客人购买的可能性。这种报价方式比较适合推销中、高档客房。

（6）推销饭店其他产品。在销售客房的同时，不应忽视饭店其他服务设施和服务项目的推销。适时地向客人推销其需要的其他服务设施与服务项目，不仅有利于增加饭店的收益，而且有利于搞好对客关系，提高客人的满意度。

（7）客人利益第一。在销售客房及饭店其他产品的过程中，始终要把客人的利益放在第一位，让客人感受到前厅一切销售都是为了满足其需求。

四、技能实战训练

各小组准备好所需工具，按照讲授课程的要求，以小组为单位，编写服务对话用语，分组进行实战训练。

项目二

客房服务与管理

模块一 客房服务技能

任务一 客房清扫

一、学习任务说明

学习目标

★知识目标：了解客房清扫的操作要求，掌握走客房清扫和住客房清扫的程序，掌握客房清扫过程中对客服务要求。

★技能目标：能够独立完成走客房和住客房清扫技能。

★素质目标：培养应变能力、探索精神、团队协作的精神和语言表达能力。

学习结果

经过学习，学员能按照流程和标准，独立、正确完成客房清扫工作。

重点及难点

教学重点：（1）走客房清扫技能。

（2）住客房清扫技能。

教学难点：清扫过程中对客服务方面，随机应变、语言表达能力的培养。

二、课前准备

（1）物品准备：房务工作车、一个标准间用的客房用品、客房服务员工作表单。

（2）场地准备：模拟客房。

（3）分组安排：每组4～5人，选出一名组长。

三、相关理论

（一）客房清洁物品种类

由于客房设计、装修与配套设施的标新立异对客房部的清洁管理提出更高的要求，客房卫生不仅要达到感观卫生质量，生化卫生质量更是住客对客房质量的评价的重要标准。

1.清洁器具

（1）扫帚簸箕组合。

（2）拖把组合。

（3）尘推。

（4）抹布。

抹布一般分为干、湿、半湿三种，用于清洁酒店客房除布草以外的物品。客房部通常用不同颜色严格区别不同质地和用途的抹布。

（5）玻璃清洁器。

玻璃清洁器又称推水器，是专门用于酒店清洁玻璃的工具，具有易用、安全的特点，它可以让玻璃清洁达到无灰尘、污渍、水渍的质量要求。

（6）油灰刀。

油灰刀又名刮刀，一般以刀片和手柄组成。刀片材质以碳钢和不锈钢为主，手柄分为木柄、塑料柄和铁柄。油灰刀用于除去地面因装修或维修等后留下的黏固污物，如水泥、墙胶和香口胶等。

（7）浴缸清洁擦。

客房浴缸擦洗是酒店清洁卫生中一项难度与要求都较高的工作。使用浴缸擦可以降低工作难度，提高工作效率。

2. 清洁设备

酒店清洁设备分一般清洁设备和电动清洁设备两大类。一般清洁设备有客房部服务车和外墙清洁吊车；电动清洁设备则包括消毒碗柜、吸尘器、洗地毯机等。

（1）客房服务车。

客房服务车又称为房口车、房务工作车，用以装载和运送楼层所有客房清理需要的物品，是楼层服务人员客房清理工作的活动工作站。

（2）消毒碗柜。

消毒碗柜一般配放在楼层的工作间内，方便对住客使用过的茶杯、咖啡杯、口杯、小香巾等进行清洗消毒，消毒碗柜的大小应以能够满足楼层每天所需清理杯具等物品的需要而定。

（3）吸尘器。

吸尘器全称电动真空吸尘器，是酒店卫生清洁中必不可少的清洁工具，尤其是对酒店地毯的日常清扫。它不仅可以将地毯、沙发上的浮尘吸净，还可以吸出墙角、夹缝中的垃圾，以及形状各异的装饰品种中的灰尘，完成扫帚和抹布等其他工具清扫不到的卫生"死角"的清除工作。

（4）洗地毯机。

洗地毯机工作的三个步骤是喷射、刷洗、抽干，常用的洗地毯机有干泡清洗式和喷汽抽洗式。

（5）打蜡机。

打蜡机又称地板打光机，是酒店对地板和地面上蜡、打光的清洁电器。

（6）高压喷水机。

高压喷水机是酒店用来清理面积较大和清理难度较高的地方，如厨房油污、酒店外墙、停车场、垃圾场等。

（二）客房清洁

1. 住客房清扫整理与走客房清扫整理差别

走客房清扫整理主要是为了尽快提供客房给前台出租，住客房清扫整理还要考虑住客的需要，一般在客人外出时进行。

（1）清扫整理住客房时，尽量避免打扰客人，最好在客人外出时打扫或客人特别吩咐时才去做，但必须控制好时间，不要等到客人回来时还未整理好。

（2）征求客人意见。

（3）服务员必须养成随时检查哪些客人未作交代、不急于处理的事情的习惯。

（4）先清理卧室，再清理卫生间。

（5）小心整理客人物品。

2. 客房清洁程序

清洁整理客房又称做房（见图2-1）。它主要包括以下方面的工作内容：

（1）进入房间；

（2）撤换脏布草和做床；

（3）打扫卫生间；

（4）抹尘，补充房间的消耗品；

（5）吸尘，检查，退出房间。

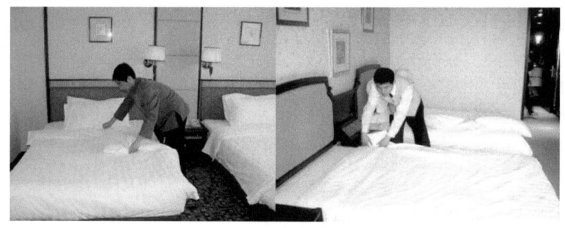

图2-1　整理客房

3. 走客房的清扫程序

对于当天结帐离店客人房间的清扫，也就是走客房的清扫。程序如下：

（1）进入房间。

敲门前要先观察门上是否挂有"请勿打扰"（Don't disturb）牌，以避免打扰客人。敲门要先轻轻敲三下，然后报称客房服务员（Housekeeping），待客人允许后方可启门进入。如果三四秒钟后客房内没有回答，再轻敲三下并报名。重复三次仍没有回答时，可用钥匙慢慢把门打开。

（2）拉开窗帘，检查迷你吧消费情况。

进入房间拉开窗帘，打开窗户为室内通风，打开空调，加速房间空气流通。为的是保证房内空气清新、无味。检查迷你吧消费情况（检查酒水是否齐全，如缺少要尽快开出酒水单送前台以便客人结账）。要考虑室外天气状况。

（3）检查设备，清理垃圾。

检查客房是否有客人遗留物品，如有，报前台告诉客人领回。看房内设施是否完好，看床单、被套、枕套、三巾和杯具有否损坏或缺少。是否有被客人带走或损坏的物品。电视机、空调的遥控器是否齐全。将房内的纸屑、果皮等垃圾放入垃圾筒的塑料袋内。清洁烟具、烟缸内放少许水，将烟蒂浸湿后也倒入垃圾筒的塑料袋内。将垃圾倒入工作车重点垃圾袋，清洁垃圾桶，更换垃圾袋。

（4）撤床。

撤换客房内客人使用的床上布草，例如床单、枕套、被套。将脏布草放进工作车的布草袋内。注意绝对不能将布草随意扔在地面或是楼层走道上。检查床垫、枕套，卫生间的毛巾也需要逐条检查。收取脏布草后拿出相应的干净布草。

（5）铺床。

按铺床程序铺床，布草不能随意扔在地毯上，以免沾到毛发灰尘。整张床看上去要平整，床罩直线、横线对齐，无凹凸不平处。

（6）抹尘。

抹尘遵循上述先上后下、先里后外、先湿后干的原则。凡举手能触及的物件和部位都必须揩擦干净，不留死角；抹的过程中将移动物品按规定放回原位，并默记待补充的物品；留意检查是否有损坏，一经发现要及时记录。特别要注意抽屉、衣橱的清洁。用药棉和酒精清洁房内的电话机和副机，核对和校正电视机频道，检查多功能柜的功能。

（7）清洁卫生间。

① 清洁卫生间（见表2-1）。

表2-1 客房卫生间清扫工作程序

工 作 步 骤	工作标准及要求
1. 开灯，开排风扇，准备清扫	检查设备。检查灯具有无损坏，将清洁篮放置在适当之处
2. 撤掉客人使用过的布草，撤出垃圾	（1）撤换客人使用过的方巾、面巾、浴巾等，放入工作车的布草袋内； （2）将卫生间的垃圾倒入工作车的大垃圾袋中； （3）将垃圾桶摆放在规定位置，套好垃圾袋
3. 清洁恭桶	（1）由内到外，使用特殊清洁工具和清洁剂； （2）用专用的抹布将恭桶内外壁及盖板擦拭干净

工 作 步 骤	工作标准及要求
4. 清洁浴缸	（1）关闭浴缸活塞，使用特殊清洁工具和清洁剂； （2）清洁部位：内壁、下水口、墙壁、浴帘、金属器件； （3）用温水冲洗墙壁、浴缸； （4）确保清洁后光洁亮泽
5. 清洁洗脸盆、镜子及水龙头金属器件	（1）先用湿抹布擦洗，再用干抹布擦干； （2）镜子清洁：洗手台大镜、化妆镜； （3）注意下水塞、下水口的清洁； （4）确保清洁后光洁亮泽、无水迹
6. 补充客用品和布草	（1）补充干净的布草，按规定折叠、摆放； （2）客用品按规定补齐、摆放整齐
7. 清洁地面；除尘、除迹	（1）从里至外清洁地面，仔细擦拭； （2）用干抹布将洗脸台及墙面四周擦拭干净
8. 自我检查。关灯、关排风扇、关门	（1）检查有无遗漏； （2）撤走清洁用具

② 卫生间消毒：紫外线消毒法，擦拭消毒，喷洒消毒法。

（8）补充客用物品。

补充房间和卫生间内的必备用品，按规定的数量和位置摆放好。

（9）吸尘。

用吸尘器吸净地毯灰尘，从里向外，顺方向吸尘，注意行李架、写字台底、床头柜底等边角的吸尘。

（10）自我检查。

在客房清洁工作结束时，服务员应环顾一下房间、卫生间是否干净，家具用具是否摆放整齐，必备用品是否放好，清洁用品是否遗留在房间等。环视客房，查看是否有遗漏之处。把窗户关上或关闭空调。

（11）填写客房清洁报表。

填写好"楼层服务员清洁报表"（见表 2-2），退出房间，关闭房间总开关，取走"正在清洁房间"挂牌，并轻轻锁上房门。若客人在房间，要礼貌向客人表示谢意，然后退出房间，轻轻将房门关上。

表 2-2　客房清扫工作报表

楼层　　　　　　姓名　　　　　　　　　　　日期　　月　　日

序号	房态	清扫时间		维修项目	备注	上级指示：
		进	出			
01	OCC					
02	OOO			卫生间淋浴喷头坏		
03	VC					
04	LSG					
05						

续表

序号	房态	清扫时间		维修项目	备注	当天计划卫生:
		进	出			
06						
07						
08						
09						
…						
						其他注意事项:

四、实战训练

（1）各小组准备好房务工作车、一个标准间用的客房用品、客房服务员工作表单，在模拟客房内准备客房清扫。

（2）教师在模拟客房内完成清扫。

（3）学员边看边学习清扫程序和标准。

（4）小组成员讨论清扫程序。

（5）分组进行实战训练。

（6）总结最佳的清扫方法和规范的清扫程序。

（7）表扬表现好的学员，肯定他们的成绩。

五、案例探究

清扫客房时电话响了

小王是客房服务员，正在清扫客房，客人不在房间，这时电话响了，她接还是不接？请问小王应该怎么办？请说明原因。

案例评析：作为服务员，此时不宜接听电话。原因有三：（1）客人已经租下这间客房，此时房间的使用权归客人所有。（2）要充分考虑维护客人的隐私权。（3）避免引起不必要的误会。

张老师在酒店前厅办好登记入住手续后，在门童的引领下，乘电梯往9楼自己入住的房间去。电梯到达9楼，刚走出电梯就听见"欢迎光临"的迎宾声，张老师定晴一看，发现这位员工原来是他的学生。此员工也认出了自己的老师，于是接过行李员手中的行李，引领张老师去房间。进入房间后，员工为张老师——介绍完了房间设施设备的使用方法，临走前，这位员工小声地提醒张老师说："张老师，喝水的杯子要烫了再用，楼层没有消毒碗柜，杯子都是我们自己用洗碗液洗的。浴室的毛巾最好别用，客房卫生看似干净，其实，我们清理客房是一块抹布从卧室抹到浴室的。"

案例分析：

作为服务员，不宜说有损于酒店利益的话语。在客房清扫时应按照规范要求操作，将干湿抹布分开，抹布用途分开。

任务二　做床训练

一、学习任务说明

学习目标

★知识目标：了解铺床训练的操作要求，掌握中式做床和西式做床的程序。

★技能目标：熟练掌握铺床操作技能。

★素质目标：培养应变能力、探索精神、团队协作的精神和语言表达能力。

学习结果

经过学习，学员能够按照标准，独立、正确完成中、西式做床。

重点及难点

教学重点：（1）中式做床技能。

　　　　　（2）西式做床技能。

教学难点：中式做床和西式做床的区别。

二、课前准备

（1）物品准备：床具、床单、棉被或羽绒被、被套、枕芯、枕套等床上用品。

（2）场地准备：客房实训室。

（3）分组安排：每组 4 ～ 5 人，选出一名组长。

三、相关理论

（一）中式铺床操作程序（见表 2-3）

中式铺床操作程序见表 2-3。

表 2-3　中式铺床操作程序

操作步骤	操作要领	注意事项
带入干净的布草	将需要的干净床单、枕套等布草带入房间	注意不要夹带其他物品
拉床	采取正确的姿势拉动床垫，拖出床垫	单膝屈膝45°，注意用力

操作步骤	操作要领	注意事项
整理床垫	（1）注意床垫角落所标记是否与本季度标记相符； （2）床垫是否干净、平整、四角松紧带是否套牢	床垫若有污染等情况要及时更换
铺床单	（1）将折叠的床单正面向下，两手将床单打开，利用空气浮力使床单的中线不偏离床垫的中心线，两头垂下部分相等； （2）包边角注意方向一致、角度相同、紧密、不露巾角	（1）床单熨烫后一般有三条直线，中间的为中线，注意掌握； （2）包角可包直角，也可包45°角，但四个角的式样与角度需一致，角缝要平整、紧密
套被套	（1）将被芯平铺在床上； （2）将被套外翻，把里层翻出。使被套里层的床头部分与被芯的床头部分固定； （3）两手伸进被套里，紧握住被芯床头部分的两角，向内翻转，用力抖动，使被芯完全展开，被套四角饱满。将被套开口处封好； （4）调整棉被位置，使棉被床头部分与床垫床头部分与棉被的中线位于床垫中心线； （5）将棉被床头部分翻折40 cm	使整个床面平整、美观
套枕套	（1）将枕芯塞入枕套，四角对准整平、拍松，发现破损或污渍要及时更换； （2）枕头平放在床头中间，整理好四角	两张单人床枕套的开口方向要反向于床头柜。双人床则开口相对
铺床罩	从枕头上方将全床罩住，两枕中间及床下垫入床罩并均匀褶缝，除床头的一侧以外，床罩的其余三侧下摆匀称，转角铺理平整，保持美观	床罩一定要平整、无褶皱，并且遮盖住枕头
将床复位	双手轻拖床尾，对正床头板将床推回原处	床头与床头板对称，摆正

（二）西式铺床程序

西式铺床程序见表2-4。

表2-4　西式铺床操作程序

操作步骤	操作要领	注意事项
将床拉离床头板	（1）弯腰下蹲，双手将床架稍抬高，然后慢慢拉出； （2）将床拉离床头板约50 cm； （3）注意将床垫拉正对齐	单膝屈膝45°，注意用力
垫单 （第一张床单）	（1）开单：用手抓住床单的一头，右手将床单的另一头抛向床面，并提住床单的边缘顺势向右甩开床单； （2）打单：将甩开的床单抛向床头位置，将床尾方向的床单打开使床单的正面朝上，中线居中； （3）手心向下，抓住床单的一边，两手相距约80～100 cm，将床单提起，使空气进到床单尾部，当床单鼓起离床面约70 cm高度时，身体稍右前倾，用力拉下去； （4）当空气将床单尾部推开的时候，利用时机顺势调整，将床单尾部方向拉正，使床单准确地降落在床垫的正确位置上； （5）床单必须一次性到位，两边所落长度需均等	注意平整，中线对齐

操作步骤	操作要领	注意事项
铺衬单 （第二张床单）	（1）衬单与铺垫单的方法基本相同，不同的地方是铺好的衬单单沿需包角； （2）甩单必须一次性到位，两边所落长度需均等	注意托单前先选好反面，注意中线
铺毛毯	（1）将毛毯甩开平铺在衬单上。使毛毯上端与床垫保持5 cm的距离； （2）毛毯商标朝上，并落在床尾位置，床两边所落长度需均等； （3）一次性到位	注意平整
包角	（1）将长出床垫部分的衬单翻起盖住毛毯（单折）60 cm或是30 cm； （2）从床头做起，依次将衬单，毛毯一起塞进垫和床架之间，床尾两角包成直西式铺床； （3）掖间包角动作幅度不能太大，勿将床垫移位； （4）边角要平紧而平，床面整齐、平坦、美观	外角90°，内角45°
铺床罩、套枕套	（1）在床尾位置将折叠好的床罩放在床上，注意对齐两角； （2）将多余的床罩反折后在床头定位。两手抓住袋口，边提边抖动，使枕芯全部进入枕袋里面。将超出枕芯部分的枕袋掖进枕芯里，把袋口封好； （3）枕套口与床头柜是相反的方向； （4）套好的枕头必须四角饱满，平整，且枕芯不外露	注意平整； 枕套口方向； 打好枕线
放枕头	（1）两个枕头放置居中。下面的枕头应压住床罩的15 cm，并进行加工处理； （2）均匀放置	
将床复位	双手轻拖床尾，对正床头板将床推回原处	床头与床头板对称，摆正

（三）做床方法之比较

（1）中式做床法的优缺点。

中式做床法的优点体现在：

① 棉被的使用大大增加了客人就寝时的舒适度；

② 棉被的被套可以一天一换，至少可以一客一换，增加了客人就寝的清洁度；

③ 做床程序简化，工作效率高，降低了物品成本与人工成本。

中式做床法的主要缺点是：中式做床法没有西式做床法整齐挺括。

（2）西式做床法的优缺点。

西式做床法的优点体现在：

① 床面平整紧凑、挺括美观；

② 视觉效果好；

③ 方便管理者检查。

西式做床法的主要的缺点是：

① 由于包边包角扎实，所以不方便客人就寝；

② 由于客人睡觉时容易不知不觉中将毛毯托单与毛毯分离，既不舒服又不清洁。

做床见图 2-2。

（四）中式做床考核要求与评分标准

中式做床考核要求与评分标准见表 2-5。

表 2-5

项　目	要 求 细 则	分值	扣分	得分
床单 （19分）	一次抛单定位（两次扣2分，三次及以上不得分）	6		
	不偏离中线（偏2 cm以内不扣分，2~3 cm扣1分，3 cm以上不得分）	3		
	床单正反面准确（毛边向下，抛反不得分）	2		
	床单表面平整光滑	3		
	包角紧密平整，式样统一（90°）	5		
被套 （8分）	一次抛开（两次扣2分，三次及以上不得分）、平整	4		
	被套正反面准确（抛反不得分）	2		
	被套开口在床尾（方向错不得分）	2		
羽绒被 （31分）	一次抛开（两次扣2分，三次及以上不得分）平整	4		
	一次收回压入被套内做有序套被操作（两次及以上不得分）	2		
	抓两角抖开丝棉被并一次抛开定位（整理一次扣2分，类推），被子与床头平齐	6		
	被套中心不偏离床中心（偏2 cm以内不扣分，2~3cm扣1分，3 cm以上不得分）	3		
	羽绒被在被套内四角到位，饱满、平展	3		
	羽绒被在被套内两侧两头平	3		
	被套口平整且要收口，羽绒被不外露	2		

续表

项 目	要求细则	分值	扣分	得分
羽绒被 （31分）	被套表面平整光滑	2		
	羽绒被在床头翻折45 cm（每相差2 cm扣1分，不足2 cm不扣分）	2		
	两侧距地等距（每相差2 cm扣1分，不足2 cm不扣分），尾部自然下垂，尾部两角应标准统一	4		
枕头（2个） （12分）	四角到位，饱满挺括	3		
	枕头边与床头平行	3		
	枕头中线与床中线对齐（每相差2 cm扣1分，不足2 cm不扣分）	3		
	枕套沿无折皱，表面平整，自然下垂	3		
综合印象 （10分）	总体效果：三线对齐，平整美观	5		
	操作过程中动作娴熟、敏捷，姿态优美，能体现岗位气质	5		
合 计		80		
操作时间： 分 秒		超时： 秒	扣分：	分
学员跑床、跪床、撑床 次：			扣分：	分
实 际 得 分				
学员姓名		裁判员姓名		

四、实战训练

（1）各小组准备好床上用品（床单、棉被、被套、枕芯、枕套）在客房实训室内进行中式做床和西式做床训练。

（2）教师示范中式做床和西式做床程序要求，学员边看边学。

（3）小组成员讨论做床方案。

（4）分组进行实战训练。

（5）总结最佳做床方法和规范的做床程序。

（6）表扬学员中表现优秀的，肯定学员的进步。

五、案例探究

2010年5月21日，小吴接到前台预定处的电话，原来是客房预定23日的杨先生询问房间如何布置成蜜月房，他想给女朋友一个惊喜。杨先生说他的女朋友很喜欢粉红色。在与杨先生交流沟通后，小吴便在23日安排员工小赵和小范，把粉红色的布花瓣撒在地毯上，并用粉红色的丝绸和康乃馨布置了房间，还在床上用花瓣拼成I love you字样，在床头灯上也系上了蝴蝶结，后来又安排员工小刘买回一张粉红色的贺卡，写上祝福的话语放在床上，当然也安排了客人居住期间的跟进服务。这一切不但让杨先生惊喜，更让他的女朋友激动不已。杨先生和他的女朋友对酒店员工为他们所做的这一切，表示了由衷的感谢。

案例分析：

饭店无小事，客房无小事，按照客人的要求为客人布置客房，这看起来是小事，但是，用心去做，把小事做成大事，就能深深打动客人的心，留住客人的心。

任务三　行政楼层服务

一、学习任务说明

学习目标

★知识目标：了解行政楼层的各种服务接待程序。

★技能目标：能够独立完成行政楼层各种服务接待技能。

★素质目标：培养应变能力、探索精神、团队协作的精神和语言表达能力。

学习结果

经过学习，学员能按照流程及标准，独立、正确完成行政楼层服务工作。

重点及难点

教学重点：（1）行政楼层服务注意事项。

　　　　　（2）行政楼层服务（客人入住、欢迎茶、早餐）服务程序。

教学难点：行政楼层服务过程中对客服务方面，随机应变、语言表达能力的培养。

二、课前准备

（1）物品准备：服务台一张，模拟客房一间、茶壶一把、热毛巾4块、干果糖果、鲜花水果、茶、酒水、饮料、小点心若干。

（2）场地准备：模拟客房。

（3）分组安排：每组4～5人，选出一名组长。

三、相关理论

（一）行政楼层的特点和岗位职责

在一些高星级酒店，利用客房某些楼层，设置面向高消费客人的豪华客房群。这种客房的家具、日用品和室内装饰都非常高档，住宿客人一般是级别高的行政官员、公务旅行者、企业老总或其他社会名流。这种特定的楼层就叫行政楼层，也叫商务楼层。

1.行政楼层的特点

高房价（房价比普通客房高出10%～15%，设施比普通客房齐全，一般选择在酒店最上面的两层，视野开阔、房间采光很好）、特殊、快捷、方便的服务（集酒店前厅部的登记、结账、餐饮、商务中心于一身）直拨电话、留言电话、电脑，客人可以在酒店商务楼层办理入住登记手续，坐下来便有欢迎茶奉送，还可以免费使用私人会议室，免费使用酒店健身中心及游泳池。

2. 岗位职责

• 全面负责行政楼层工作，督导行政管家为客人提供入住、就餐、商务、离店等全程服务。

• 全面管理行政楼层的服务工作，做好行政管家培训和考核工作。

• 检查行政管家的仪容仪表、礼节礼貌，严格考勤，严格执行服务程序与规范。

• 掌握贵宾楼层的房态，宾客的情况和必要的信息。

• 迎接并送行每一位 VIP 客人，拜访行政楼层客人，反馈客人意见与建议。

• 与相关部门联系并协调工作，确保服务的快捷与效率。

• 及时阅读并处理客人与行政楼层之间的信函，发现问题及时向经理报告，及时得到妥善处理。

• 保证行政客房的清洁水平。

• 督导行政管家做好客史档案工作。

• 了解饭店业行政接待情况，不断完善服务品质与项目。

• 了解员工动态，调动员工积极性。

• 阅读并填写交接班日记。

• 定期总结工作。

（二）行政楼层服务要求及标准

1. VIP 欢迎水果送房程序

（1）操作要求。填写水果配送单，写清日期、房号（或楼层），数量，由批准人签名，注明承担费用部门及申请人姓名，将白、红两联送交餐厅，黄联留存。

检查水果质量，确保新鲜，表面无斑痕、无污迹，如有质量问题应立即通知餐厅更换。

准备餐车或托盘，按已预订房号逐一送房，（按进房程序操作）。

（2）摆放要求：水果盘应放于茶几上或写字台上。果盘靠左上方，垫盘靠右下方，水果造型美观，口布折叠后放于垫盘上。左叉、右刀斜放在口布里，露出刀叉手柄。

2. 送茶或咖啡服务程序

（1）按进房程序操作，并说："早上好，* 先生（或小姐）管家服务，我能为您送茶或咖啡吗？"

（2）如房显示"请勿打扰"，应先打电话征得客人同意后再送。

（3）如客人不便开门，应先送其他房间后再返回。

（4）将茶或咖啡轻轻放在茶几上，并请客人慢用。

（5）进房时如察觉客人还未睡醒，不要打扰客人，应告知客人过一会儿再来。

（6）离开房间时，轻轻将门关上并祝客人愉快。

3. 入住登记程序

• 客人到达后，接待员应见客起立、微笑、主动礼貌地打招呼。

• 热情地询问客人有无预订。

- 请客人出示证件，并核对证件是否与持证人相符，再向客人表示感谢。
- 查找预订，与客人确认入住天数、房型、房价后表示感谢。
- 迅速确定房号，并在电脑里做 C/I。
- 将证件扫描并输入房号。
- 仔细、完整地填写登记单。符合公安部门的要求，字迹清楚无误。
- 让客人确认后签字。
- 准备钥匙和房卡。
- 询问客人付款方式并收取押金。
- 不同付款方式付款时注意细节操作。

（三）行政楼层服务注意事项

（1）行政楼层客房服务通常由专人或相对固定的服务人员负责。

（2）应格外注意礼仪礼貌。

（3）涉及客人商务活动的任何内容，服务人员不得向任何人泄露。

（4）对客人交办的文件复印、打印、传真、电传、电报等文字资料的原稿，必须当面交还客人，不得自留备份；对于复印、打印中已经作废的文字稿，应该立即销毁；应及时、有力、有效地制止其他人查看客人文字资料。

四、实战训练

（1）各小组准备好服务台一张，模拟客房一间、茶壶一把、热毛巾四块、干果糖果、鲜花水果、茶、酒水、饮料、小点心若干。

（2）教师示范行政楼层各项服务程序要求，学员边看边学。

（3）小组成员讨论各项服务程序方案。

（4）分组进行实战训练。

（5）总结最佳做床方法和规范的做床程序。

（6）表扬学员中表现优秀的，肯定学员的进步。

五、案例探究

5月9日，我和妻子外出游玩，返回途中，天气突变，狂风大雨中，我不慎摔了一跤，导致右手桡骨粉碎性骨折。当晚19点左右我被特警送进了四〇一医院。因为急诊病人较多，直到凌晨2点多我才手术完毕。酒店经理吴美霞得知我受了伤，当晚便安排酒店客房部的服务员来探望我，并替换我爱人照顾我。次日白天，客房部主管一行三人带着牛奶、水果，还有特地为我买的小排骨熬的汤来看望我。他们把酒店贴心的微笑服务带到了病房，让我很感动。同室的病友问我："她们是你的亲戚么？"我说："是酒店服务员。""哪个酒店这么好？""海景花园。"

我出院以后，身边总是有酒店的人陪着，使我感到很温暖。5月11日下午，我乘酒店班车到了机场，一直陪着我的那位服务员，在安检口处，拿出一袋苹果和一个信封，说经理吩咐让她把信交给检票员。因为那封信，我提前检票登机，在机上也受到了很好的照顾。望着弦窗外那渐渐模糊起来的江河，起伏的山峦还有弯曲的海岸线。我心中泛起阵阵感慨：谢谢所有帮助过我们的好心人，谢谢青岛海景花园大酒店！

案例分析：

吴美霞的行为深深地影响到她的下属，在她的带领下，客房部贵宾楼班组的员工也对客人表现出了积极热情的态度，用行动实践着她们的理念。海景花园大酒店的客房部是全国青年文明号，它遵守的公约就是"诚信为本，有诺必践，恪尽职守，率先垂范"。在海景企业文化的教育下，在公约的指导下，相信吴美霞经理以及她带领的团队，将会更好地将企业理念"内化于心，外化于行"以行动诠释得越来越好，做出更多让客人感动和惊喜的事。

模块二　客房管理

任务一　客房卫生检查

一、学习任务说明

学习目标

★知识目标：了解客房卫生检查程序。

★技能目标：能够独立高效地对客房进行全方位的卫生检查。

★素质目标：培养细心、高效的做事标准。

学习结果

经过学习，学员能按照流程及标准，独立、正确完成客房卫生检查。

重点及难点

教学重点：客房卫生检查要领。

教学难点：客房卫生检查过程中问题的处理。

二、课前准备

（1）物品准备：教学视频、客房卫生检查表、抹布。

（2）场地准备：模拟客房。

（3）分组安排：每组 4～5 人，选出一名组长。

三、相关理论

（一）客房卫生检查制度化

为保证客房清洁保养达到饭店质量标准，及时发现并纠正问题，客房部必须建立内部检查体系，逐级检查，实行领班、主管与部门经理三级责任制。查房除了保证质量还要保证数量，领班查房普查，尤其是走客房，可谓"领班的最后一眼是客人的第一眼"。主管查房通常是领班查房的 10％，贵宾房是必查的，检查的方式是抽查。客房经理每天必须查房，以贵宾房为主要的抽查对象。

（二）客房卫生检查的方法

客房卫生检查的方法是：看，摸，试，听，嗅。

（三）客房卫生清洁标准

（1）房间卫生标准。

房门：房锁开启灵活、无手印，房号牌光亮干净。

墙面和顶棚：无蜘蛛网、污迹、墙纸无脏点。

地脚线：清洁完好、无灰尘。

地毯：干净、无污迹。

床：铺法正确，布草无污点、无破损，床头和床底无垃圾、床垫定期翻转。

木器：干净无灰尘，定期维护。

电话：无异味、无灰尘，使用正常。

镜子：镜面明亮，无手印、无灰尘。

灯具：灯泡、灯罩清洁，使用正常、无尘。

垃圾桶：无杂物，每天清洗，保持整洁。

电视：定期检查，使用正常。

衣柜：衣架、衣柜隔板无灰尘，衣柜门使用正常。

窗帘：干净完好，使用正常。

玻璃：清洁明亮，窗台、窗框干净完好，开启自如。

空调：空调口无污迹，定期清洁保养。

杯具：明亮干净，无手印，摆放整齐。

热水壶：外表干净，无手印，内部无水垢。

客用品：品种、数量齐全，正确摆放，干净无尘。

（2）卫生间卫生标准。

门：前后两面干净，开关灵活。

墙面：墙面无水渍，无污迹。

顶棚：无尘、无污迹，定期清洁。

地面：无污迹，无毛发。

不锈钢：无锈迹，无水渍，定期维护。

面池：干净无积水，不锈钢无水印，发亮无尘。

卫生间灯：开启正常，无损坏。

浴室镜：无水渍，无手印，无灰尘。

马桶：里外清洁，使用正常，冲水流畅。

玻璃隔段：无水渍，无手印，无灰尘，开启正常。

地漏：下水通畅，无杂物。

客用品：品种、数量齐全，摆放正确，无灰尘，托盘整洁。

四、实战训练

（1）各小组准备好客房卫生检查表、抹布，在模拟客房进行卫生检查工作。

（2）教师示范卫生检查要领和程序要求，学员边看边学。

（3）小组成员讨论卫生检查方案。

（4）分组进行实战训练。

（5）总结最佳最快速的卫生检查方案。

（6）表扬学员中表现优秀的，肯定学员的进步。

五、案例探究

到底是谁的错

一天中午，住在2972VIP房间的VIP客人从外面回到饭店，进到客房时，发现客房的卫生还没有打扫。VIP客人不满地找到了9楼的服务员说："我都出去半天了，怎么还没有给我的房间打扫卫生？"服务员对VIP客人说："您出去的时候没有将'请即打扫'的牌子挂在门外。"VIP客人说："看来倒是我的责任了。那么现在就打扫卫生吧，过一会儿我还要休息。"于是，服务员马上为2972房间打扫卫生。

第二天早晨，VIP客人外出时，把"请即打扫"的牌子挂在了门外的把手上。中午VIP客人回来后，客房卫生仍然没有打扫。这位VIP客人又找到这名服务员说："昨天中午我的房间没有清扫，你说是我出去的时候没有把'请即打扫'的牌子挂上，今天我出去时把牌子挂上了，可还是没搞卫生。这又是什么原因呢？"这名服务员又用其他的理由解释：一名服务员一天要清扫十几间房，得一间一间地清扫，因为比较忙，没注意到挂了"请即打扫"的牌子。VIP客人说："你工作忙，跟我有什么关系？挂'请即打扫'的牌子还有什么意义？"服务员还要向VIP客人解释，VIP客人转身向电梯走去，找到大堂经理进行投诉。事后，这名服务员受到了客房部的处理。

案例点评：

在这个案例中，服务员之所以遭到了VIP客人投诉，主要有以下几个原因：第一，VIP客人前一天找到服务员，问为什么没有搞卫生，服务员的回答就存在问题。服务员应先向VIP客人表示歉意并及时清扫的同时，还应告知VIP客人"明天我们一定尽早给您清扫房间"，并应及时通知领班做好记录，以便及时跟进落实，避免第二天同样的情况再次出现。第二，服务员在工作中没有按照规定的工作程序操作。服务员在每天早晨开始工作时，应首先了解住客情况，检查有无挂"请即打扫"牌子的房间，以确定客房的清扫顺序。从第二天的情况看，服务员根本没有按照工作程序操作，只是按房间顺序清扫，自己工作起来方便。第三，服务员在任何时候都不要将责任推给VIP客人，VIP客人并不想知道你的原因，他们要的是你的行动和结果，不然VIP客人会因此失去对饭店的信任。如果说服务员第一天不知道，那么，是自己告诉VIP客人挂上牌子，第二天VIP客人挂了牌子而服务员依然不去理睬，说明服务员对VIP客人说的话根本就没往心里去。

任务二　客房安全管理

一、学习任务说明

学习目标

★知识目标：了解客房安全管理内容。

★技能目标：能够独立对客房安全进行检查。

★素质目标：培养细心、高效的做事标准。

学习结果

经过学习，学员能够按照流程及标准，独立、正确完成客房安全管理工作。

重点及难点

教学重点：客房安全管理要领。

教学难点：客房安全管理中安全隐患问题的处理。

二、课前准备

（1）物品准备：教学视频、客房钥匙、消防栓。

（2）场地准备：模拟客房、多媒体教室。

（3）分组安排：每组 4 ~ 5 人，选出一名组长。

三、相关理论

（一）钥匙安全管理制度

为规范酒店各部门使用和保管钥匙的程序，杜绝潜在的安全隐患，特制订本制度对酒店各部门钥匙进行管理。

1. 酒店钥匙备份管理

（1）保安部负责酒店除客用钥匙以外的全部钥匙的备份管理（备份钥匙针对范围：除财务部、客用外所有区域钥匙）。

（2）保安部将所有备份钥匙进行统一登记、编号、封存，由专人管理，未经批准，无特殊情况，禁止动用。

2. 酒店各部门自用钥匙管理

（1）酒店为各部门按照实际需要配发钥匙，各部门的钥匙在班与班之间要有交接手续。交接手续要每月由部门存档，按季度交到保安部存档。

（2）需要配制钥匙到保安部填写《配制钥匙申请表》，经有关领导签字后，由保安部负责配制。填写《钥匙发放表》后签字领取。

（3）餐饮等营业部门及非24小时当班的行政部门的钥匙安排专人管理。不准带出店外，下班前交由前台工作人员代管，前台工作人员当面点清，做好交接记录。

（4）各办公室持钥匙人因工作调动，应立即交回人资部，不能按时交回者按锁价值的两倍予以扣除工资，在此之前因钥匙导致发生的一切事故由该人负责。

（5）财务部所属各收银台、抽屉、柜使用时，必须符合安全要求，钥匙要由部门自行保管。

（6）各要害部门钥匙，如配电室、空调机房、消防治安监控中心、水泵房、电梯机房等钥匙，各部门要严格管理，钥匙实行交接班制度。

（7）各种门、窗钥匙必须严格管理，不准丢失、损坏。

（二）客房防盗工作管理

（1）接到客人投诉在房间内有财物损失，应立即通知以下单位（人员）：值班经理、保安科、房务部。

（2）封锁现场，保留各项证物，会同警卫人员、房务部人员立即到客人房内。

（3）将详细情形记录下来。

（4）向保安部调出监控系统的录像带，以了解出入此客房的人，便于进一步调查。

（5）过滤失窃前曾逗留或到过失窃现场的人员，假如没有，则请客人帮忙再找一遍。

（6）千万不能让客人产生"饭店应负赔偿责任"的心态，应树立客人将贵重物品置放在保险箱内的正确观念，这才是首要预防盗窃的措施。

（7）遗失物确定无法找到，而客人坚持报警处理时，立即通知警卫室人员代为报警。

（8）待警方到达现场后，让警卫室人员协助客人及警方做事件的调查。

（9）将事情发生原因、经过、结果记录于值班经理交代本上。

（10）对于此类盗窃意外，除相关人员外，一律不得公开宣布。

四、技能实战训练

（1）各小组准备好客房钥匙，在模拟客房进行安全管理学习。

（2）教师示范安全管理要领和程序要求，学员边看边学。

（3）小组成员讨论杜绝安全事故发生。

（4）分组进行实战训练。

（5）总结最有效的安全管理方案。

（6）表扬表现优秀的学员，肯定学员的进步。

五、案例探究

一天傍晚，某饭店服务总台的电话铃响了，服务员小姚马上接听，对方自称是住店的一位美籍华人的朋友，要求查询这位美籍华人。小姚迅速查阅了住房登记中的有关资料，向对方报了几个姓名，对方确认其中一位就是他找的人，小姚未加思索，就把这位美籍华人所住房间的号码818告诉了对方。

过了一会儿，饭店总服务台又接到一个电话，打电话者自称是818房的"美籍华人"，说他有一位谢姓侄子要来看他，此时他正在谈一笔生意，不能马上回来，请服务员把他房间的钥匙交给其侄子，让他在房间等候。接电话的小姚满口答应。

又过了一会儿，一位西装笔挺的男青年来到服务台前，自称小谢，要取钥匙。于是，小姚就毫无顾虑地把818房钥匙交给了那男青年。

晚上，当那位真正的美籍华人回房时，发现他的一只高级密码箱不见了，其中包括一份护照、几千美元和若干首饰。

案例评析：

冒名顶替是罪犯在酒店犯罪作案的惯用伎俩。相比之下，本案中的这位犯罪青年的诈骗手法实在很不高明。首先，按酒店通常规定，为了保障入住客人的安全，其住处对外严格保密。变通的办法可为来访或来电者拨通客人房间的电话，由客人与来访或来电者直接通话；如客人不在，可让来访者留条或来电留电，由总台负责转送或转达给客人，这样既遵守了酒店的规章制度，保护了客人的安全，又保证了客人与其朋友、熟人的联系。其次，"美籍华人"电话要总台让其"侄子"领了钥匙进房等候，这个要求也是完全不能接受的。因为按酒店规定，任何人只有凭住宿证方能领取钥匙入房。总台若能把好这第二关，罪犯的诈骗阴谋仍然来得及制止。

项目三

餐饮管理

模块一　构建餐饮企业管理体系

在这个项目中，我们希望通过教学，使学生了解餐饮机构的工作任务，能分析岗位要求，掌握组织结构设置和人员配置，了解餐饮企业的类型与特点，同时，我们也希望学生能自觉利用社会实践机会，深入餐饮企业，将这些知识技能熟练掌握。

任务一　构建餐饮企业的前期筹划

一、学习任务说明

学习目标

★知识目标：（1）了解餐饮业的构成。

　　　　　　（2）掌握餐饮企业的组织结构。

★技能目标：（1）树立正确的餐饮经营观念。

　　　　　　（2）了解餐饮机构的经营环节。

★素质目标：培养应变能力、探索精神、团队协作的精神和语言表达能力。

学习结果

能够成立工作小组，为建立某中小型餐饮机构做前期筹划工作（设想其类型，地点，目标对象，店名等）。

重点及难点

教学重点：调研的对象及数据分析。

教学难点：餐饮机构的经营环节。

二、课前准备

（1）物品准备：教学视频、笔、纸。

（2）场地准备：餐饮实训室、多媒体教室。

（3）分组安排：每组 4～5 人，选出一名组长。

三、相关理论知识

（一）餐饮机构的经营环节

（1）菜单筹划。

（2）设备规划。

（3）原料采供。

（4）产品生产。

（5）现场服务。

（6）销售推广。

（7）成本控制。

（二）餐饮业的构成

（1）概念：餐厅是通过出售服务、菜品和饮料来满足顾客饮食需求的场所。

（2）餐饮业的构成：

① 商业综合型餐饮服务企业。

• 综合型宾馆（饭店、酒店）中的餐饮。

• 餐饮与娱乐、休闲等结合经营的企业。

• 购物中心式的新型餐饮。

② 商业单一型餐饮服务企业。

• 主题式餐饮企业。

• 连锁餐饮企业

• 风味式餐饮企业

③ 非完全商业型餐饮服务企业。

• 学校式餐饮服务设施。

• 工商企业餐饮设施。

• 医院餐饮服务设施。

（三）餐饮管理的特点

（1）生产过程短，产销订制性强。

（2）经营变化快，技术质量要求高。

（3）影响因素多，客源营业收入波动大。

（4）业务过程复杂，管理不易控制。

（四）市场细分的基本步骤和方法

1. 基本步骤

（1）依据需求选定产品市场范围。

每一个企业，都有自己的任务和追求的目标，将其作为制订发展战略的依据。它一旦决定进入哪一个行业，接着便要考虑选定可能的产品市场范围。

产品市场范围应以市场的需求而不是产品特性来定。比如一家住宅出租公司，打算建造一幢简朴的小公寓。从产品特性如房间大小、简朴程度等出发，它可能认为这幢小公寓是以低收入家庭为对象的，但从市场需求的角度来分析，便可看到许多并非低收入的家庭，也是潜在顾客。举例来说，有的人收入并不低，市区已有宽敞舒适的住房，但又希望在宁静的乡间也能有一套房间，作为周末生活的去处，所以，公司要把这幢普通的小公寓，看作整个住宅出租业的一部分，而不应孤立看成只是提供低收入家庭居住的房子。

（2）列举潜在顾客的基本需求。

选定产品市场范围以后，公司的市场营销专家们，可以通过"头脑风暴法"，从地理变数、行为和心理变数等方面，大致估算一下潜在的顾客有哪些需求，这一步能掌握的情况有可能不那么全面，但却为以后的深入分析提供了基本资料。

比如，这家住宅出租公司可能会发现，人们希望小公寓住房满足的基本需求，包括遮蔽风雨，停放车辆、安全、经济、设计良好、方便工作、学习与生活，不受外来干扰，足够的起居空间，满意的内部装修、公寓管理和维护等等。

（3）分析潜在顾客的不同需求。

公司依据人口变数做抽样调查，向不同的潜在顾客了解，上述需求哪些对他们更为重要？比如，在校外租房住宿的大学生，可能认为最重要的需求是挡风遮雨、停放车辆、经济、方便上课和学习等；新婚夫妇的希望是遮蔽风雨、停放车辆、不受外来干扰、满意的公寓管理等；较大的家庭则要求遮蔽风雨、停放车辆、经济、足够的儿童活动空间等。这一步至少应进行到三个分市场出现。

（4）移去潜在顾客的共同需求。

公司需要移去各分市场或各顾客群的共同需求。这些共同需求固然很重要，但只能作为设计市场营销组合的参考，不能作为市场细分的基础。比如说，遮蔽风雨、停放车辆和安全等项，几乎是每一个潜在顾客都希望的。公司可以把它用作产品决策的重要依据，但在细分市场时则要移去。

（5）为分市场暂时取名。

公司对各地市场剩下的需求，要做进一步分析，并结合各分市场的顾客特点，暂时安排一个名称。

（6）进一步认识各分市场的特点。

公司还要对每一个分市场的顾客需求及其行为，做更深入的考察。看看掌握了各分市场的哪些特点，以及还要了解哪些情况，以便进一步明确各分市场有没有必要再作细分，或重新合并。比如，经过这一步骤，可以看出，新婚者与久婚者的需求差异很大，应当作为两个分市场。同样的公寓设计，也许能同时迎合这两类顾客，但对他们的广告宣传和人员销售的方式都可能不同。企业要善于发现这些差异，要是他们原来被归属于同一个分市场，现在就要把他们区分开来。

（7）测量各分市场的大小。

以上步骤基本决定了各分市场的类型。公司紧接着应把每个分市场同人口变数结合起来分析，以测量各分市场潜在顾客的数量。因为企业进行市场细分，是为了寻找获利的机会，这又取决于各分市场的销售潜力。不引入人口变数是危险的，有的分市场或许根本就不存在顾客。

2. 基本方法

一个有六个购买者群的市场。每一个购买者群由其独立的需要与欲望而潜在地成为个别市场。一个销售者必须为各个购买者群设计一套市场营销计划是不可想象的。像波单和麦克唐纳·道格拉斯等飞机制造厂，虽然面对少数几个购买者群，却还是把他们作为个别市场对待。

许多销售者并未认识到"定制"产品以满足个别购买者群是值得的。换而言之，销售者要识别层次广阔的购买者对产品的要求和不同反应。以营养滋补药品为例，销售者可以发现收入层次不同，其需要也不同。

另一方面，销售者还可以发现，对于营养滋补药品，青年购买者与老年购买者之间的需要有明显的区别。按年龄细分的结果形成两个分市场，每个分市场是三个购买者群。

现在假设在购买者对营养滋补药品的购买中，收入与年龄两个变数并重。在这种情况下，则可分成五个分市场：1A、1B、2B、3A 和 3B。分市场 1A 包括两个购买者，而其他分市场各只有一个购买者。由于市场细分使用各种属性，销售者要以增多分市场的数目和削减分市场内部的个数为代价，可以得到较好的细分市场的精确性。

在上面例子中，市场是按收入与年龄细分成不同的"人口"分市场。假如变化一下，购买者被询问对产品的两种属性（譬如说，皮鞋的式样和质量）有何要求，其结果就形成不同的"偏好"分市场。根据被询问者对两种属性的偏好程度，它可以出现三种形式：

（1）同质型偏好。

一个市场上所有购买者的偏好大致相同。该市场表示无"自然分市场"，至少对这两种属性而言是如此。可以预见，存在的品牌具有相近的属性，产品定位一般都在偏好的中心。在这种情况下，销售者必须同时重视式样和质量两种属性。

（2）分散型偏好。

在另一个极端，购买者的偏好可能在空间平均分散，而无任何集中现象，这表示购买者对产品的偏好有所不同。就是说，他们对皮鞋的式样和质量两种属性各有不同程度的喜爱和要求。这时对销售者可以有两种选择：一种是兼顾两种属性。假如市场上有个品牌，它的属性很可能位于中心，以便迎合最多的购买者，使总体购买者的不满足感减少到最低限度。如果有新的竞争者进入市场，很可能由于产品的属性与第一种品牌相同而导致一场市场占有率之争。另一种选择是侧重于某一属性的偏好，即将产品的属性定位于某些角落，以吸引那些对属性位于中心的品牌不满的购买者群。譬如，皮鞋侧重于式样或者质量，从而把重视这一属性偏好的购买者吸引过来。如果市场上有好几个品牌竞争，那么很可能由于迎合一部分购买者的不同偏好而分散定位在各个不同空间。

（3）群组型偏好。

市场上不同偏好的购买者会形成一些集群。譬如，有的购买者偏重于式样，有的购买者偏重于质量，各自形成几个集群，称为"自然分市场"。进入市场的企业有三种选择：

① 定位于期望吸引所有群组的中心（无差别市场营销）；

② 定位于最大的分市场（集中市场营销）；

③ 同时发展几个品牌，每个品牌分别定位于不同的分市场（差别市场营销）。很显然，如果只发展一种品牌，竞争者必将介入，并将在其他分市场引进更多品牌。

（五）餐饮企业选址概述

著名的饭店企业家斯塔特勒曾经说过，他的成功有三个原因：位置、位置、位置。市场调查的主要内容之一就是选择经济可行的地点。选择餐馆的位置要优先考虑收益，即"在此开店能赚多少钱"。当然，客人云集的地方是餐馆的最佳位置，例如：商店聚集、行人往来众多的地区、交通方便、居民集中居住区等等。对位置因素的调查主要是了解以下情况：

（1）各种地段的特点。根据不同地段可把位置分为以下几类：

① 商业中心；

② 居民住宅小区；

③ 车站附近或交通要道；

④ 食街；

⑤ 企事业单位集中地；

⑥ 旅游风景区；

⑦ 经济开发区；

⑧ 市郊。

分析这些位置的特点，寻找与之相适应的餐馆类型。

（2）交通便利程度。对交通条件的调查注意以下几点：

① 该地段铁路、公路及其他乘客的进出量；

② 市内公共交通设施状况；

③ 餐馆附近公交车数量；

④ 附近停车场状况。

此外，还要注意一点，就是未来城市建设可能对餐馆经营带来的影响。如生意原本兴隆的餐馆，因在其门前建立高架道路，给行人行走带来不便，而致使生意一落千丈。所以，在开店之前对位置因素做调查时，还应当去当地政府的城建机构的规划处了解各地段的未来发展建设状况。

（六）餐饮企业选址策略

随着社区商业的持续增温，社区餐饮也逐渐成为商家谈论的焦点。餐饮业和其他行业不同，无论是从长期战略还是利益角度考虑，选址都是一个必不可少的环节。据有关数据显示，店铺地址的好坏对餐饮的成功运营的直接和间接的影响在众多相关因素中达到60%。

1. 商圈评估

商圈，意指在餐饮店坐落的地点所能够交易的范围、规模。例如徒步区的店可能是方圆1000米，乡镇地区则可能是方圆3000米（同类餐饮店数量少、缺乏竞争等因素），视具体情况而定。从上面的定义中我们可以清晰地了解商圈的含义，但对于具体的餐饮店而言，商圈并不仅仅用如此简单的概念就能诠释，它还要求我们掌握一定的评估商圈的方法。

一个地方是否适合开店，需要从多方面权衡，我们要考察店铺的地理位置是否便利，人与车的主要动向和总体流量，地点的可接近性，以及视觉和其他感官效果等。我们通过调查，大体计算出餐饮店商圈范围内的住户数、消费水平、客流量，从而粗略估算餐饮店未来能够达到的营业额。

由于住宅区的顾客群较为稳定，而且随着经济发展，越来越多的人没有时间和精力自己在家里下厨房，到餐饮店就餐就成了他们的首选。同时，这部分人群有一定的消费能力，容易给餐饮店带来稳定的收益。所以通常我们在住宅区周围选择店面，当然也要合理考虑交通主动脉的配合，因为增大外来客源也是增加营业额的有效途径。

由于一些法规不允许在住宅小区内开店，我们也不一定强求把餐饮店设在住宅区内，一般情况下，只要保证商圈内有 3000 以上的生活人口存在，而且其步行时间在 10 分钟以内就可以达到预期的效果。国外比较成熟的商圈通常以店铺所在点为中心，半径 1000 米较为普遍，目标人群在 2600 ～ 3000 人之间，如果以家庭户数算，每户 3 ～ 6 人，则家庭数在 722 ～ 833 之间。

2. 消费能力评估

虽然商圈内的人口数一定程度上决定着他们的消费能力，但有时并不能完全代表餐饮店能吸引的有效客流。这还取决于商圈内的家庭状况、人口密度、客流量、购买力等多种因素。

3. 家庭状况

商圈内家庭构成决定了未来餐饮店的类型。新时代的人越来越注重自己的饮食结构，提倡营养与口味的协调，崇尚多功能的饮食。对于一个由年轻人组成的两口之家，饮食就会偏重于色泽和口味，而在一个有独生子女的三口之家中，他们的饮食需求主要是以孩子为核心来进行的，因而更注重营养与卫生。家庭成员的年龄与性别也会对商品需求产生影响，老龄化家庭的饮食多倾向为保健、营养等，女孩子多的家庭饮食重点就多半会放在素食和餐厅的浪漫氛围上。

广义的家庭，也包括企业、学校、医院等，不同类型的企业和单位，他们对餐饮种类的需求不同，可以根据他们从事的职业的特征、收入状况和消费水平安排相应的饮食和相关服务项目。有些地区外籍人士相对较多，也可以根据他们的饮食习惯、消费能力，设定属于他们自己类型的餐饮。

4. 人口密度

人口密度通常以每平方公里人数或户数乘以平均每户人数来衡量，一般来说，人口密度低的地区顾客光临的次数少，人口密度高的地区，顾客光临的次数就多。通常相同类型的餐饮店之间会有一定距离，大部分人会选择距离自己居住地近的适合自己消费水平的店面就餐，比人口密度小的地区就餐人数多。因此，在人口密度高的区域所设的店面其规模可相应扩大，以适应就餐需求。

5. 客流量

客流分为现在客流和潜在客流。餐饮店选择开设地点总是选在现在客流最多、最集中的地点，以使多数人能够就近用餐。在评估地理条件时，必须要认真测定经过该地点行人的流量，也就是未来餐饮店的潜在客流量。一般潜在客流量多的地方如地铁站、公交车站、学校、医院、影剧场以及游览地附近会有更大的商机。另外，办公楼附近也是设店的有利地址，办公楼里的客流以消费能力较高的白领为主，但他们对餐饮店的食品往往有较高的质量要求。

人流量的大小同该地上下车人数也有较大关系。上下车客人数的调查重点为：

（1）每个站上下车乘客人数历年来的变化。

（2）上下车乘客人数越多的地方越有利。

（3）上下车乘客人数若减少，又无新的交通工具替代的情况下，商圈人口也会减少。

（4）根据车站出入的顾客年龄结构，可了解不同年龄顾客的需求。

店铺应选择在车流动线较多的地方，车流动线指车辆行走时的移动路线。如在十字路转角处附近的店铺，其车流动线有四条，位于双向车道马路的店铺有两条车流动线，处在单向车道马路的店铺则只有一条车流动线。

6. 消费能力

商圈内家庭和人口的收入水平决定了他们的消费水平，而消费水平又影响着未来餐饮店销售额的高低。通常是通过入户抽样调查获取家庭人均收入的。在选择店址时，餐饮店多以青年和中年层的顾客为主，因为他们的社会经济地位较高，而且可支配收入较多，包括城市中的年轻人，特别是大学生、中学生和已经进入工作岗位的年轻人。国内 15～25 岁的这批年轻人一般是独生子女，被称为新生代消费层，他们消费的特点是注重饮食质量，注重味道与营养而不注重价格，由于这个年龄段人的父母大多是 50 年代"生育高峰期"出生的，数量很大，因此这个年龄段年轻人的数量也很大，餐饮店定位于这样的目标客户群是非常有规模性的。

7. 商圈的竞争评估

在做商圈竞争评估时必须考虑这样一些因素：现有餐饮店的数量、现有餐饮店的规模分布、新餐饮店开张率，所有餐饮店的优势和劣势，短期和长期变动以及饱和情况等。餐饮店过少的商圈，只有很少餐饮店提供满足商圈内消费者需求的服务；餐饮店过多的商圈，又有太多餐饮店提供服务，以致每家餐饮店都得不到相应的投资回报。一个饱和的商圈是指餐饮店数目恰好满足商圈内消费者对特定产品与服务的需要。饱和指数表明一个商圈所能支持的餐饮店不可能超过一个固定数量。

在计算饱和指数时可以借助于以下公式：

$$IRS=\frac{C\times RE}{RF}$$

式中：IRS 为商圈的餐饮消费饱和指数；C 为商圈内的潜在顾客数目；RE 为商圈内消费者人均餐饮消费支出；RF 为商圈内餐饮店的营业面积。

假设在一个商圈内有 1000 个家庭，每周在饮食方面支出 200 元，共有 10 个店铺在商圈内，共有 10000 平方米销售面积，则该商圈的饱和指数为：IRS=1000×200/10000=20。饱和指数越大，意味着该商圈内的饱和度越低；饱和指数越小，则意味着该商圈内的饱和度越高。一般说来，餐饮店要选择饱和指数较高、饱和度较低的商圈开店。

8. 细节技巧

如何发现一个区域的最优点呢？我们要学会在一个商圈内寻找细微的差异。例如，方向不同、当地主要建筑物的不同或地势不同等等原因往往都会对未来餐饮店的营业额造成影响。通常在有红绿灯的地方，越过红绿灯的位置最佳，因为它便于顾客进入，又不会造成店铺门口的拥挤堵塞现象。当然在餐饮店前最好有适当数量的停车位；在有车站的地方，车站下方的位置就要比车站对面的位置好，因为来往的顾客就餐比较方便，省去了过马路的麻烦；在有斜坡的地方，坡上要比坡下好，因为坡下行人过往较快，不易引起顾客的注意。

在居民住宅区附近设立餐饮店，在决定餐饮店位置的时候，要注意避免在下述地点建店，即道路狭窄的地方、停车场小的地方、人口稀少的地方以及建筑物过于狭长的地方等。不同气候的城市店址也有优劣差别，在北方城市，如果店门朝风（一般朝西北方向），冬季寒风不断地侵袭，就会赶走顾客，因此风口位置要慎选。而有的门店前有树木、建筑物等，这些障碍物可能会影响餐饮店的能见度，从而影响客流。正因为这样，我们要通过细微的对比来获取位置上的最大优势。

（七）选择餐厅地址的重要性

古人云：天时不如地利，充分强调了地利的重要性。尤其是开餐厅，地理位置的优劣更加重要。人们把好的地理位置视为餐厅赚钱的第一要素，这是有道理的。商业的传统规律是"一步差三市"，足以说明选址的好坏直接影响餐厅的盈亏。选择店址重要性主要体现在以下几点：

1. 地址选择是一项长期性投资

餐厅不论是租赁的，还是购买的，一旦被确定下来，就需要大量的资金投入。当外部环境发生变化时，餐厅的地址不能像人、财、物等其他经营要素一样可以做相应的调整，它具有长期性、固定性特点。因此，对餐厅地址的选择要做深入的调查和周密的考虑，妥善规划。

2. 地址选择是对市场定位的选择

地址在某种程度上决定了餐厅客流量的多少、顾客购买力的大小、顾客的消费结构、餐厅对潜在顾客的吸引程度以及竞争力的强弱等。选址适当，餐厅便占有了"地利"的优势，能吸引大量顾客，生意自然就会兴旺。

3. 地址选择反映了服务理念

地址选择要以便利顾客为首要原则。从节省顾客的购买时间、节省其交通费用的角度出发，最大限度地满足顾客的需要。否则就会失去顾客的信赖和支持，餐厅也就失去了存在的基础。

4. 地址是制订经营战略及目标的重要依据

餐厅经营战略及目标的确定，首先要考虑所在区域的社会环境、地理环境、人口、交通状况及市政规划等因素。依据这些因素明确目标市场，按目标顾客的构成及需求特点，确定经营战略及目标，制订包括广告宣传、服务措施在内的各项促销策略。事实表明，经营方向、产品构成和服务水平基本相同的餐厅，会因为选址的不同，而使经济效益出现明显的差异。不理会餐厅周围的市场环境及竞争状况，任意或仅凭直观经验来选择餐厅地址，是难以经受考验并获得成功的。

（八）餐饮选址应注意的问题

每个人都会用自己的方法来考察餐厅店址的可行性，有些商户看见一个店面前车水马龙，就以为店址不错，就有了租下来开店的冲动。其实这很可能是一个陷阱：你知道此店面前每天经过多少人吗？用餐高峰期的客流量又有多大？这些人都属于什么年龄段？是什么职业？收入水平有多高？他们多长时间来这里一次？这些人是你想要的吗？不了解这些情况就进驻开店，无疑是盲目的。

有些商户看到某些地段周边一些餐厅生意很好，以为自己开店也能像它们一样火爆。但是，那些生意好的餐厅只有一两家，还是普遍都好？是否每天都这么好？其原因是商圈餐饮供给不足还是因为它们在搞促销？它们的产品、价格与自己的有什么相似之处？它们的顾客能否成为自己的顾客？这些情况只有经过调查才能知道，不得到问题的答案就没理由认为自己开店后生意也会像对手一样好，进驻的理由也自然不成立。

从专业角度来看，很多店址表面上看起来很繁荣，客流量很大，事实上这些很可能只是一种假象，必须透过现象看本质，对商圈进行全面系统的调查，不仅要对客流量进行测算，分析固定人口和流动人口的结构，了解看似庞大的客流到底有多少是自己的潜在顾客。还要对竞争对手的上座情况进行长时间的监测，从宏观角度分析商圈的餐饮供需平衡情况，判断是否有进入的可能。通过调查得到关于顾客以及商圈、店址、竞争对手的数据，这些是选址的基础。在此基础上进行的分析和决策才是科学和可靠的。

找到一个看似不错的店址，也进行了必要的调查并掌握了必要的数据，如何利用这些数据判断分析店址是否可行？肯德基、麦当劳有自己的一套严密的量化评估体系，它们的相关人员通过对店址的各项影响因素进行评估，得出店址的价值系数，再根据事先制订的标准对店址归类，据此判断店址的价值及开店的可行性。这需要建立一个复杂的数学模型，中小快餐品牌很难掌握，但是可以通过选址研究来根据实际情况设计出一套适合自己的、简单易用的选址模型，通过模型可对店址价值作出比较准确的评价，作出科学的决策。这种方法是用事实说话，用科学的方法进行分析，可以避免盲目决策，极大地提高开店成功率。那些依赖经验和感觉进行选址的人，往往会犯致命的错误。

从快餐企业自身来看，选址就是选顾客。每个品牌都有自己的目标群体定位，但这种定位是主观的，很可能有偏差。虽然你把他们当做目标顾客，事实上他们是否接受和喜爱你的品牌是不得而知的。因此必须调查研究自己的顾客和潜在顾客到底是什么样的人以及他们的偏好是什么，研究的结果往往让人吃惊，比如麦当劳曾经把目标群体定位成孩子，实际上青少年却是主要顾客。此时如果还按最初的定位去选址，肯定会犯大错误。想知道什么样的顾客喜欢自己的品牌，不能凭经理老板的经验妄下结论，唯一的方法就是让顾客说话，通过正式的调查倾听他们的心声，再经过统计分析才能得出客观的正确的结论。通过调查研究了解自己的真实的顾客是谁，然后根据他们的偏好适当调整自己以适应顾客，这对快餐企业来说是非常必要的。

选址是快餐企业的一项核心能力，是关系到一个品牌的生存和发展的大计。各品牌竞争的关键是拼选址，好的店址是稀缺资源，谁能快速找到足够多的合适店址，谁就能迅速发展壮大。成功的品牌都有迅速找到合适店址的方法，吉野家通过在商场食街开档口的形式，迅速在北京开了十几家店；马兰拉面以低价路线进小商圈；等等。一个连锁餐饮企业（特别是快餐）开了一两家店后需要对过去开店经验进行全面总结，如果是第一家店就要选择尽可能相似的品牌对其选址规律进行研究。通过选址研究能了解不同商圈和不同类型顾客的特征，掌握一个品牌对不同商圈和顾客的适应能力，掌握在调查的基础上进行正确分析决策的方法，这将增强快餐企业的选址能力，从而提高核心竞争能力。

总之，要想了解店址的真实客观的情况，必须进行选址调查。为了掌握选址开店的规律，必须对自己的顾客进行调查分析。为了评价店址并做出正确的选址决策，必须掌握一套科学且实用的分析方法。为了能迅速扩大规模提高竞争力，必须掌握一套可行的选址方法。这些都得建立在对选址进行调查研究的基础之上，不研究就将一无所获。餐饮企业很难有这方面的专门人才，往往忽略了对选址这一重要竞争能力的培养。有些快餐品牌只做自己擅长的餐饮经营管理这一块，至于选址调查研究方面的事情则交给更专业的公司来做，他们只要把握投入和结果就行了，这样就能以可接受的投入得到科学的选址方法，这种做法无疑是非常明智的。

（九）餐饮业营业场所选择与设计

营业点的选择对生意兴盛与否有重要影响。如果地点选择不当，即便装潢精美、烹调口味上好、服务周到，生意也不可能兴隆。因此，不论是在筹划开店还是正在营业，都必须彻底研究地点问题，研究重点是营业地点的特性和与之配合的营业方针。现将地段的种类及特点分述如下：

（1）车站附近。来往的乘客是主要的顾客群，其中有上班职工，也有学生，待客的方式要分不同对象而有所不同，尤其要慎重处理定价。另外，假日的顾客与平常不一样，必须要有所区别。顾客在此地段最大的目的是等车，因此快餐店最适宜。

（2）公司商号集中区。该地段以上班职工为最主要的顾客，其光临的目的不外乎洽谈生意或聊天。如何应付午餐大批滞入的顾客，假日及周末生意清淡时如何提高营业周转效率，是选择该地段要考虑的重点。

（3）学生街。学生是此地段的主要顾客，一天中没有明显的高峰与清淡时段的差异，但季节性的差异却相当大。学生利用餐饮店的动机，除了聊天、消遣之外，还有同学聚会或看书等，所以必须注意桌椅移动的便利，并准备书报杂志。

（4）商业闹市区。此地段是约会、聊天、逛街、休息等动机不一的人士云集的场所，当然是开店最适当的地点，但也是大量投资的地段。该地段无论对什么类型的店都很适合，但必要条件是该店要有自己的特色，并且针对某些特定对象经营。由于周末及假日顾客较多，因此必须灵活地运用小时工。

（5）住宅区。此地段的顾客以附近居民为主，待客重点是如何体现亲切温暖感及提供新鲜美味的餐饮。若是具有附近居民交谊中心的功能，如设置布告栏，主办郊游、比赛等趣味性活动，则成功的可能性更大。

（6）市郊路段。近年来有些餐饮业者在地价便宜的地点盖起特殊餐饮店，以其独特的风格而获得消费者的喜爱。此外由于快餐店在重要的交通要道附近开设据点，也引起了市郊餐饮市场的新浪潮。随着有车阶层人士的日益增多，市郊地段也逐渐得到重视。在该地段餐饮店必须设有停车场，并且要有醒目引人的广告招牌。如果是专供便宜聚餐的大型餐厅，提供有特色的餐饮将是此地段的营业重点。

总之，开餐饮店必须配合该地段的特点，考虑原料的补给、人流多少、房租是否合理等问题，撰写最佳营业策略，并且要经常注意地段环境的变化，建立金字招牌。

（十）餐饮机构下属部门

• 餐饮部构成：部门、员工、工种和设备。

• 饭店餐饮部所属的餐厅：咖啡厅、中餐厅、法式餐厅、多功能厅、风味特色餐厅、其他种类餐厅（以花园酒店为例）。

• 饭店餐饮部所属的厨房：中式厨房、西式厨房、宴会厨房、咖啡厨房、风味厨房。

·饭店餐饮部所属的其他部门：销售（预订）部、宴会部、采购供应部、管事部、饮务部。

餐饮部所属机构的主要职能是：

1. 餐厅

餐厅是提供食品、饮料和优质服务，满足客人饮食需求的场所。餐厅必须具备三个基本条件，即：固定的场所；提供食品、饮料和服务；以赢利为经营目的。三者缺一不可。其中，食品、饮料是基础，优质服务是保证。餐厅的主要职能有：

（1）按照规定的标准和规格程序，用娴熟的服务技能、热情细致的服务态度，为客人提供餐饮服务，同时根据客人的个性化需求提供针对性服务。

（2）扩大宣传推销，强化全员促销观念，提供建议性销售服务，保证餐厅的经济效益。

（3）加强对餐厅财产和物品的管理，控制费用开支，降低经营成本。

（4）及时检查餐厅设备的使用状况，做好维修保养工作，加强餐厅安全管理。

2. 厨房

厨房是餐厅的生产部门，负责菜肴、面点等产品的加工制作。厨房是餐厅管理的中心环节，必须确保产品质量，主要职能有：

（1）根据客人需求，为其提供安全、卫生、精美可口的菜肴。

（2）加强对生产流程的管理，控制原料成本，减少费用开支。

（3）对菜肴不断开拓创新，提高菜肴质量，扩大销售。

3. 宴会部

宴会部通常设有多种规格的宴会厅，在酒店经营中起着创声誉、创效益的重要作用。宴会部主要负责各类宴会及重大活动的组织实施，主要职能有：

（1）宣传、销售各种类型的宴会产品，并接受宴会等活动的预订，提高宴会厅的利用率。

（2）负责中西宴会、冷餐酒会、鸡尾酒会等各种活动的策划、组织、协调、实施等工作，向客人提供尽善尽美的服务。

（3）从各环节着手控制成本与费用，增加效益。

4. 管事部

管事部是保证餐饮部正常运转的后勤保障部门，负责提供餐饮部所需的餐具用品，清洁餐具、厨具以及后台区域卫生等。主要职能包括：

（1）根据事先确定的库存量，负责为餐厅及厨房请领、供给、储存、收集、洗涤和补充各种餐具，如瓷器、玻璃器皿及服务用品等。

（2）负责银器及机器设备的清洁与维护保养。

（3）负责收集和处理垃圾。

（4）负责区域卫生。

（5）控制餐具的消耗及各种费用。

5. 采购部

采购部是餐饮部的物资供应部门，主要负责餐饮部生产原料的采购与保管工作。主要职能包括：

（1）及时做好食品原材料的采购工作，保证餐饮部所需原料供应。

（2）负责餐饮原料的验收与保管工作。

（3）做好采购价格控制及仓库存货控制工作。

餐饮企业组织结构

组织结构设置见图3-1。

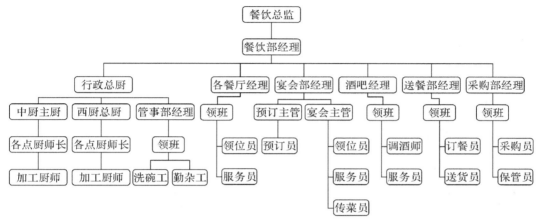

图3-1　餐饮部的组织机构

餐饮部的组织机构是确定该部门各成员之间、所属部门之间相互关系的结构，其目的是增强实现本部门经营目标的能力，更好地组织和控制所属职工和群体的活动。

四、技能实战训练

成立工作小组，为建立某中小型餐饮机构做前期筹划工作（设想其类型、地点、目标对象、店名等）。

任务二　餐饮企业（部）组织机构与岗位要求及合理定员

一、学习任务说明

学习目标

★知识目标：（1）掌握餐饮机构的管理形式与组织机构。

（2）了解餐饮各岗位的岗位职责。

★技能目标：能为餐饮企业合理定员。

★素质目标：培养应变能力、探索精神、团队协作的精神和语言表达能力。

学习结果

能清楚描述餐饮企业的岗位职责和岗位要求。能够对这个岗位进行招聘，列出招聘条件和要询问的问题。

重点及难点

教学重点：岗位进行剖析。

教学难点：合理定员。

二、课前准备

（1）物品准备：教学视频、笔、纸。

（2）场地准备：餐饮实训室、多媒体教室。

（3）分组安排：每组 4～5 人，选出一名组长。

三、相关理论知识

（一）合理定员的方法

1. 按比例定员

比例定员法是一种依据相关人员之间的比例关系来计算确定员额的方法。

如果某类人员的数量是随着职工总数或另一类人员总数的增减而增减的，就可找出它们之间的变化规律，确定它们之间的比例关系，则这种比例关系便具有标准的性质，可以作为计算定员的依据。例如，在食堂工作人员和就餐人数之间，托幼工作人员和入托儿童之间，教职员工和学生人数之间，工会工作人员、管理人员、运输人员、勤杂人员和职工总数之间，都存在这种比例关系，根据就餐人数、入托儿童总数、学生人数、职工总数及相应的比例，就可计算出相关人员的定员人数。

主要内容与应用规则如下：

（1）计算方法。按职工总数或某一类人员总数和比例定员标准来计算定员人数。

计算公式为：

$$定员人数 = \frac{职工总数或某一类人员总数}{比例定员标准}$$

（2）确定适用条件。比例定员法的特点是定员人数随职工总数或某一类人员总数成比例地增减变化。因此，应用此种方法时，首先必须确定所要定员的这类人员同职工总数或另一类人员总数之间是否切实具有客观的比例关系。如果不具有此种关系，则不能应用此法，否则就是滥用，计算出的定员就不会合理，不会符合实际。

（3）确定比例定员标准。确定比例定员标准要正确反映影响定员比例的因素，防止简单化。当存在多种影响因素时，要按影响因素成组确定比例定员标准。如食堂工作人员的比例定员标准就应根据就餐人数多少和开放次数多少分组确定，一般来说，当工作量越大时，由于能更加合理地分工协作，实行兼职作业，充分利用工时，个人劳动效率能够提高，所以用人数量的绝对值虽然是增加的，但相对值（即比例定员标准）往往是降低的。

此外，确定比例定员标准一般应有一定幅度，以适应不同的条件，便于因地制宜，防止脱离实际。

（4）主要应用领域。比例定员法主要适用于确定定员人数随职工总数或某一类人员总数成比例增减变化的工作岗位的定员，如某些管理人员的定员或服务性单位的定员。确定某些生产工人的定员也可使用此种方法。如木模工可按造型工的人数和比例定员，焊工可按铆工的人数和比例定员等。

2. 按同行参数定员

表 3-2 给出了按同行参数定员。

表 3-2 按同行参数定员

数 据 来 源		正常餐位数	餐饮部总人数	餐厅人员	厨房人员
李勇平的《现代饭店餐饮管理》（上海人民出版社）	传统资料统计	18	1		
	现代资料统计	23~35	10		
赵建民的《中餐行政总厨管理实务》（辽宁科学技术出版社）	大规模、高档次	15			1
	小规模、低档次	7~8			1
虞迅的《现代餐饮管理技术》（清华大学出版社）	饭店（早中晚三市）	100	35		
	社会餐饮			60	40
编者根据浙江范围调整统计	星级饭店	500	120	55	40
	社会餐饮	500	120	50	40

3. 按厨房内部配比定员

总工作量时间 ÷ 每人每天工作时间 ÷（1 − 休假缺勤系数）= 餐饮生产人数

如某饭店每人每天工作 8 小时，每 10 天休息 2 天（每周休息一天），三楼包厢有包厢 50 间，每天每餐就座率 80%，每完成一桌中档宴席，平均所需时间为 4 小时（4 位厨师在默契配合下，8 小时内能顺利完成 8 桌中档宴会任务）。

按上述公式进行计算：

总工作时间　　　　每人每天工作时间　　休假缺勤系数　　餐饮生产人数
4　×　2　（50×80%）　　÷8　　　÷　（1 − 20%）　　=50
（小时）（餐）（桌）（就座率）　（小时）　　　　　　　　（人）

若每人每天工作时间为 7 小时，每周休息 2 天计算，则：

$$总工作时间 ÷ 7 ÷（1 − 28.5\%）= 餐饮生产人数$$

4. 按工作量定员

表 3-3 给出了按工作量定员。

表 3-3 按工作量定员

种类	桌数	人均负责	服务员	顾客	包宴	合 计
大厅方桌	10桌	4桌/人	3人	6人	5人	合 计
大厅餐台	24桌	2桌/人	12人			
普通包厢	30桌	1.5桌/人	20人		8人	
豪华包厢	20桌	1桌/人	20人			
合 计			55人	6人	13人	74人

这里只是当餐服务人员的充分配置，但不包括早餐、夜宵、不包括轮休人员。

5. 按厨房岗位定员

表3-4（1）给出了按厨房岗位定员；表3-4（2）给出了按厨房内部配比定员。

表 3-4（1） 按厨房岗位定员

饮餐形式	餐 位	炉 台
会议宴请	80~100位	1人
零点散客	60~80位	1人

表 3-4（2） 按厨房内部配比定员

	炉台	打荷	砧餐	上杂	水台	冷菜	面点	杂工
传统厨房	1	1	1	1	0.5			0.5
现代厨房	1	1	0.7	0.7	0.7	0.5	0.5	0.5

6. 按餐位数定员

表3-5给出了按餐位数定员。

表 3-5 按餐位数定员

人数 岗位 / 职务	炉台	打荷点餐	切配加工	蒸灶煲仔	刺身房	冷菜水果	面点大灶	初加工	其他	合计
厨师长									1	
主管领班	2	2	2	1	1	1	1	1		
厨师	6	5	6	3	1	3	2	2		
厨工	2	3	2	2	1		2	3		
合计	10	10	10	6	3	7	5	7	1	59

表3-6给出了岗位职责说明书。

表 3-6 餐饮部副经理职务说明书

岗位名称	餐饮部副经理	所在部门	餐饮部
岗位级别	一级正	直接上级	餐饮部经理
岗位定员	1	直接下级	各班组
工作时间	正常		

职责与工作任务			

职责一	职责表述：协助经理抓好生产管理工作		建议工作时间百分比：35%
	工作任务	（1）协助经理抓好日常管理工作； （2）主管日常生产工作	

续表

	岗位名称	餐饮部副经理	所在部门	餐饮部
职责二	职责表述：负责抓好各项安全工作、卫生工作		建议工作时间百分比：30%	
	工作任务	（1）负责抓好消防安全、环境卫生工作； （2）检查、督促并指导安全生产； （3）负责餐饮部各种生产和办公设备的管理工作		
职责三	职责表述：协助经理制订各项制度		建议工作时间百分比：30%	
	工作任务	（1）参与制订餐饮部服务标准、工作程序和规章制度； （2）组织并确保各项制度正常实施； （3）负责各组人员的调配		
职责四	职责表述：及时完成领导交办的其他工作		建议工作时间百分比：5%	
	工作任务			
权力	（1）有调配所属员工工作及休假的权力； （2）对所管范围员工，有决定奖励、建议晋升或互换工作的权力； （3）有审批员工病事假的权力			
工作协调关系				
对内协调关系	部店各职务部门及餐饮部内部各班次			
对外协调关系	高等院校、相关餐饮单位			
岗位要求	基本要求	年龄：30岁以上　　　　　　　　学历：大专以上 工作经验：三年以上		
	专业要求	受过餐饮管理专业培训，掌握餐饮管理与服务的专业知识和技能		
	工作要求	工作认真负责；有较强事业心和责任感；有较强的应变能力；有一定的组织管理能力		

（二）企业招聘

招聘工作中应注意以下几个问题：

（1）简历并不能代表本人。招聘人员可以通过简历大致地了解应聘者的情况，初步判断应聘者是否需要安排面试。但应尽量避免通过简历对应聘者作深入的评价，也不应该因为简历对应聘者面试产生影响。

（2）工作经历比学历重要。对于有工作经验的人而言，工作经历远远比他的学历重要。

（3）不要忽视求职者的个性特征。对岗位技能合格的应聘者，要注意考察他的个性特征。

（4）让应聘者更多地了解公司。招聘和求职是双向选择，招聘人员除了要更多地了解应聘者的情况外，还要让应聘者能够更充分地对公司进行了解。

（5）给应聘者更多的表现机会。招聘人员不能仅根据面试中标准的问题来确定对应聘者的认识，还应尽可能为应聘者提供更多的表现机会。

（6）面试安排要周到。为了保证面试工作的顺利进行，面试安排非常重要。首先是时间安排，既要保证应聘者有时间前来，又要保证公司相关领导能够到场；其次是面试内容的设计，都需要提前做好准备；最后是要做好接待工作，要有应聘者等待面试的场所，最好备一些公司的宣传资料，以便应聘者在等待时翻阅。面试的过程是一个双向交流的过程，面试安排是否周到体现了一个公司的管理素质和企业形象。

（7）注意自身面试时的形象。实际上，面试时招聘人员也应注意自身的形象。招聘人员首先应注意的是自己的仪表和举止，另外要注意自己的谈吐。在向应聘者提问时，应该显示出自己的能力和素养。

四、技能实战训练

各小组准备好所需工具，按照讲授课程的要求，为自己小组的餐饮企业设计组织结构，并合理定员，讨论后充分说明理由。

模块二 筹划与设计菜单

任务一 筹划菜单

一、学习任务说明

学习目标

★知识目标：（1）了解菜单的作用。

（2）掌握菜单的重要性。

★技能目标：（1）掌握菜肴分析方法。

（2）了解选择菜肴的依据。

★素质目标：培养应变能力、探索精神、团队协作的精神和语言表达能力。

学习结果

能清楚了解菜单筹划时要考虑的因素，分析后确定菜单上所要选择的菜肴。

重点及难点

教学重点：菜肴分析方法。

教学难点：选择菜肴的依据。

二、课前准备

（1）物品准备：教学视频、笔、纸。

（2）场地准备：餐饮实训室、多媒体教室。

（3）分组安排：每组 4～5 人，选出一名组长。

三、相关理论知识

（一）菜单认知

1. 菜单的含义

餐饮学中的菜单，它的英文名为 Menu，语源为法文中的"Le Menu"，原意为食品的清单或项目单（Bill of Fare）。

所谓菜单，是指饭店等餐饮企业向宾客提供的有关餐饮产品的主题风格、种类项目、价格水平、烹调技术、品质特点、服务方式等经营行为和状况的总的纲领。菜单，通常以书面的形式将餐厅的餐饮产品，尤其是特色菜单经过科学的排列组合，并加以考究的装帧、精美的印刷，融入风格突出的餐厅环境气氛，呈现于宾客面前，供宾客进行欣赏和选择。而我们通常说的菜谱是描述某一菜品制作方法及过程的集合。

随着餐饮业的不断发展变化和经营理念的日益丰富创新，菜单的作用、种类、内容及形象也随之不断附加上了新的亮点和内涵，并直接作用于餐饮企业的经营与管理；以菜单为纲，作为一种有效的管理手段，体现了餐饮产品质量管理的标准化、程序化和制度化，透过菜单这一扇常变常新的窗口，可折射出餐饮企业的销售形象和收益状况；菜单作为紧密联系餐饮系统各部门各岗位各成员之间的一条纽带，作为与消费群体之间的沟通桥梁，维系着极其重要的系统运作和销售渠道之间的动态平衡。

2. 菜单的作用

菜单是餐饮经营管理信息的重要表现形式，它充分展示了餐饮经营要目，在餐饮经营中起着十分重要的作用。

（1）菜单的作用从顾客角度来说有以下两点：

① 菜单是连接顾客与餐厅的桥梁。客人通过菜单了解餐厅的类别、特色、产品及其价格，并凭借菜单选择自己需要的产品和服务。因此，菜单是连接餐厅与顾客的桥梁，起着促成买卖成交的媒介作用。

② 菜单设计的好坏直接反映了餐厅的档次和经营水平。不同类型的菜单是由不同业态的餐饮企业所制订，菜单所显示的食物产品的类型、定价、风格、质量标准、原料性状以及所隐含的制作工艺、技术难易程度、品种组合和风味流派等，在一定程度上反映了企业经营的特色、实力和优势。菜单决定了餐厅是以什么菜系为主调。

（2）菜单的作用从餐厅角度来说有以下几种：

① 菜单反映了餐厅的经营管理方针。

由于菜单所销售的食物产品类型、特色和风味等决定了餐饮综合资源紧密相连。因此，菜单在一定程度上决定了餐饮企业技术人员、服务人员、后勤人员及管理人员的选拔；决定了食品原料的采购和储存；决定了就餐区、生产区、酒水区的设计与布局；决定了设施设备、器具用品的采购和管理；决定了就餐服务规格和要求，并直接影响着企业餐饮成本的控制及经营效益的实现。餐饮企业的经营分析包括餐饮营销分析、促销分析、产品质量分析、财务分析和客情分析等。餐饮管理者在经营管理中会定期对菜单各菜点的销售规、畅销程度、顾客满意度和顾客对菜品价格的敏感度等进行计算、分析测定；同时，餐饮食物产品的研发与生产，集中体现在菜单的编排上，菜是餐饮营销组合策略与分析的前提。此外，菜单与客源市场需求相吻合度，菜单的特色、优势、水准、品位，所售品种的生命周期，餐饮消费者产品的评价和接受程度等信息，都是餐饮企业经营分析的重要基础。

② 菜单影响着餐厅设备与用具的采购。

餐饮企业选择购置设备、灶具、桌椅和餐具时，无论是它们的种类、规格还是质量、数量，都取决于菜单的菜式品种、水平和特色。菜式品种越丰富，所需设备的种类就越多；菜式水平愈高，所需设备、餐具也就愈专业。总之，每种菜式都有相应的加工烹制设备和服务餐具，菜单是餐饮企业选择购置设备的依据和指南，在一定程度上决定了餐饮企业的设备成本。

③ 菜单影响着餐厅人员的配备，决定了对服务的要求。

菜单决定了厨师、服务员的配备。菜单内容标志着餐饮服务的规格水平和风格特色，餐饮企业在配备厨房和餐厅员工时，应该根据菜式制作和服务的要求，招聘具有相应技术水平的人员。如果招收的是非熟练工，就要以既定菜单内容为标准对员工进行培训，使他们尽快达到技术水平的要求。另外，菜单还将决定员工工种和人数。菜单决定了餐厅服务的方式和方法，服务人员必须根据菜单的内容及种类，提高各项标准的服务程序，既能让客人得到视觉、味觉、嗅觉上的满足，又能让客人享受到优质的服务。

④ 菜单影响着食品原料的采购与储藏。

食品原料的采购和储藏是餐饮企业务活动的重要环节，受到菜单内容和菜单类型的影响和支配。菜单内容规定采购和贮藏工作的对象，菜单类型在一定程度上决定着采购和储藏活动的规范和要求。

⑤ 菜单影响着餐饮成本及利润。

菜单在体现餐饮服务规格、水平、风格特色的同时，决定了企业餐饮成本的高低。原料价格昂贵的菜式过多，必然导致较高的食品料成本；而精雕细刻的菜式过多，又会相应增加企业的劳动力成本，确定各菜式成本，调整不同成本菜式的品种数量比例，是餐饮企业成本管理的首要环节，也就是说，餐饮成本管理须从菜单设计开始。

⑥ 菜单影响着厨房布局与餐厅装饰。

厨房布局和餐厅装饰也同样受到菜单的影响。厨房是加工制作餐饮产品的场所，厨房内各业务操作中心的设备布局，各种设备、器械、工具的定位，应当以适合既定菜单内容的加工制作需要为准则。餐厅装饰的主题立意、风格情调以及饰物陈设、色彩灯光等，都应根据菜单内容的特点来精心设计，以达到整体环境能够体现餐饮风格、氛围，烘托餐饮特色效果。

⑦ 菜单既是艺术品又是宣传品。

菜单不仅通过提供信息向顾客进行促销，而且餐厅还通过菜单的艺术设计衬托餐厅的形象。菜单上不仅配有文字，往往还饰有图案，套有色彩。菜单美观的艺术设计，会给人以感性认知和对味觉的刺激。菜单还可以制作成各种漂亮精巧的宣传品，它可以陈列在潜在顾客易见之处，也可向街头潜在顾客散发或刊登在报刊上，或直接邮寄给顾客，进行各种有效推销。另外，制作精美的菜单还可作为纪念品，以引起顾客的美好回忆，吸引顾客再次光临。

（二）菜单不同阶段的不同作用

餐厅的经营一般都要经历三个阶段，在不同的阶段对菜单有不同的要求，因此，在策划菜单时一定要根据经营阶段的特点进行设计，其具体要求有以下几项：

（1）开业构思阶段。

在开业构思阶段，要设计一个试验性菜单草案，它可帮助管理人员决定餐厅经营的类别。试验性菜单在树立餐厅形象方面是一个十分重要的工具，如果试验菜单编制得合适，就能吸引餐厅计划的目标顾客，并会把餐厅经营的主题传递出去。

开业构思阶段的菜单应反映如下内容：

• 餐厅针对的目标对象。菜单的编制要表明特定的群体服务，菜单的设计应反映出针对哪些顾客群体。

• 表示需购买的设备。适用期的菜单像是一份计划表，它反映出加工菜单上的菜品应购置什么炊具和设备，反映出厨房应有多大空间。例如，菜单上的菜如果都由餐厅自己制作而不使用方便菜和半成品，那么厨房的面积就应预设大一些。

• 餐厅应雇佣什么人员。菜单要反映出是需要有经验的职工，还是需要普通的经过实地培训的职工。例如，快餐店并不需要经验十分丰富的职工。菜单要指示出食品生产和服务的难度。

• 反映对餐厅装潢的要求。菜单提供的菜必须与餐厅的装潢相协调，菜单提供的品种反映出需要什么样的就餐环境。

（2）经营阶段。

一家成功的餐厅必须与饮食潮流和公众用餐习惯相一致，餐厅在开业时一般都设置了一些当时流行的菜式。如果菜单编制后客源下降，餐厅要分析菜单上各种品种项目的销售情况，对饮食潮流做出快速反应，随时加入能使销售额和利润额增加的品种，去掉那些销售差、盈利低的品种。

（3）衰退阶段。

如果餐厅的生意出现衰退，餐厅的利润率和投资回收率就会不断下降，所以设计好菜单是个关键环节。当生意衰退时，就要对菜单进行变革，对价格要重新评估，对市场的大小和结构要重新分析，菜品也要做必要的更换。在衰退阶段，可设法提供一些每日特色菜来吸引客人，要着重推销那些盈利大、受顾客欢迎的品种。有时，菜单外观的改变（变换菜单的布局、设计、色彩、印刷格调）也会影响餐厅的生意

（三）菜单的种类

菜单的划分标准和种类较多，我们仅就最常用的划分标准来分类。

1. 依据餐饮产品的品种划分

（1）菜单。菜单是餐厅向客人提供的列有菜肴名称、价格等服务内容的、供就餐者挑选菜肴品种的书面清单。

（2）饮料单。饮料单是餐饮部所管辖的各营业点向宾客提供的列有酒品、饮料及其价格等信息内容以及书面清单。饮料单普遍用于餐饮各消费场所，其列有的产品品种通常分为三类：纯饮的各种酒类，如白兰地、威士忌、葡萄酒及啤酒等；软饮料类，如果汁、汽水、矿泉水、纯净水等；混合饮品类，如鸡尾酒、宾治（Punch）等。

（3）餐酒单。餐酒单主要用于饭店的西餐厅，是饭店西餐厅向在西餐厅就餐的客人提供的列有各类葡萄酒名称、价格等信息内容以及供就餐者挑选合适的佐餐葡萄酒的书面清单。西餐的佐餐饮品比较单一，一般用葡萄酒佐餐，餐酒单起的作用就在于此。

以上是饭店餐饮部最常见的菜单，此外，还有点心单等。

2. 按餐别划分

（1）中餐菜单。它反映的是中华民族在餐食的内容、原料、烹饪方法及服务程式的风格和习惯。

（2）西餐菜单。它反映的是西方人在餐食的内容、原料、烹饪方法及服务程式的风格和习惯。

（3）其他菜单。其他菜单是中西餐以外的其他菜单的总称。目前，在国内外餐饮业常

见的其他餐食有：日本餐、韩国餐、越南餐、拉美餐等。

3. 按就餐时间分

按就餐时间可分为早餐菜单、正餐菜单、宵夜菜单。早餐菜单一般内容较为简单，午、晚餐菜单必须品种齐全、丰富多彩、富有特色。

4. 按服务地点分

（1）餐厅菜单。餐厅菜单普遍使用于各类中西餐零点餐厅，餐单上所列的经营品种，一般能反映出饭店日常烹饪制作风格和水平，同时也体现出饭店的餐饮服务档次和特点。

（2）酒吧菜单。酒吧菜单的主要表现形式为"饮料单"（Drink List）。在饮料单上除供应酒类等饮品之外，许多饭店还供应各类佐饮小点和简单的餐食，如三明治等。

（3）楼面（客房）菜单。楼面菜单系指置于客房之内、供住客在房内用餐所备的一份录有餐食品种、价格、送餐时间等信息内容的清单。餐饮部的经营范围从空间上看则不拘于餐厅而延伸至客房部所属的客房，这样既扩大了餐饮经营空间，又方便了由于种种原因不便去餐厅用餐的住店客。当然，这对于餐饮经营管理提出了更新、更高、更特殊的要求。

5. 按服务方式分

（1）点菜（零点）菜单。各类零点餐厅使用的菜单，属于此类。使用这类菜单的餐厅，将就餐消费者作为主体，消费者依据自己的消费口味，选取自己中意的餐食品种；而餐厅作为客体，则必须根据消费者的口味提供适销对路的餐饮产品。

（2）套菜菜单。套菜菜单又称公司菜菜单，饭店餐饮部作为主体，依据本饭店所在地的市场情况，制订出的组合餐菜单。在组合餐中，一般包括三四道菜肴，一道汤。收取餐费时，按整体组合餐结账。套菜菜单多用于会议及公务用餐服务。

6. 根据市场特点分类

（1）固定菜单。固定菜单是饭店餐饮部为了满足客人对餐饮产品的日常消费需要而制订的一种在特定时间餐饮经营品种、价格等内容不发生变动的菜单。固定菜单必须具备两个基本特点：一是针对客人日常消费需要制订；二是菜单上列出的经营品种、价格在某一特定时间之内不发生变动，按国际餐饮惯例，这一特定时间通常为一年。

（2）变动菜单。变动菜单是指饭店餐饮部为了满足客人对餐饮产品的特殊消费需要而制订的菜单，其内容依市场或业务变化而变动。它有两个特点：一是根据客人的特别要求制订；二是菜单上提供的经营品种、价格以及对应的服务，随着客人的不同、市场的变化而发生变动。

（3）循环性菜单。餐厅准备几套循环使用的菜单为循环菜单。普通常用的循环周期为 7 ~ 21 天。在 7 天结束后再从第一套菜单循环使用。有些餐厅也根据不同的季节准备四套菜单，这种菜单能反映不同季节的时令菜，减少不同季节原料缺货或原料成本过高的现象。

（四）菜肴选择的依据

（1）市场需求。

（2）竞争对手。

（3）菜系和风味的独特性。

（4）食品原料的供应情况。

（5）食品原料品种的平衡和多样性。

（6）餐厅自身设备和烹饪技术水平。

（7）食品原料成本和菜肴的盈利能力。

（8）食物的营养成分。

（9）符合国家的环保要求和有关动植物的保护法。

（五）分析选择菜肴

在确定了餐厅菜单的类型后，经过试验性菜单经营，接下来就是正式菜单选择菜肴了。

选择菜肴就是将那些顾客喜欢的、同时又能使餐饮企业获得利润的菜肴经过筛选，使之出现在餐厅的菜单上。

在选择菜肴之前，必须对菜肴的销售状况做定量分析。

1. 了解当前菜品的销售动态

在选择菜单的菜品时，要密切注意有关菜品的销售状况，阅读有关美食和各种菜谱的杂志和书籍。同时，还要访问其他餐馆，了解其销售的菜肴以及这些菜品的销售情况。了解这些餐馆有哪些菜特别受顾客欢迎，哪些菜销售不佳。菜单的品种反映以下特点：

（1）当时菜品流行的潮流；

（2）中国销量最大的菜品；

（3）当地人最喜欢的菜品。

2. 菜肴销售状况的定量分析

菜肴销售状况的定量分析是菜肴选择的一项十分重要的工作。菜肴销售状况的定量分析就是对菜单上各种菜肴的销售情况进行调查，分析哪些菜肴最受顾客欢迎，用顾客欢迎指数表示；分析哪些菜肴盈利最大，一般价格越高的菜毛利额越大，用销售额指数表示。

菜肴销售状况定量分析有以下步骤：

（1）"菜肴"分类。这里分类的依据是指相互间竞争的菜肴，也就是说一种菜的畅销会夺走其他菜的销售额。所以在分析菜单时，先要将菜单的菜品按不同类别划分出来，对直接竞争的同类菜品进行分析。例如"铁板牛肉"与"青椒牛肉"的分析。

（2）采集原始数据。菜单分析的原始数据可来自于订菜单，主要是汇总账单上各种菜的销售份数和价格。

（3）分别计算出顾客欢迎指数和销售额指数的菜肴。

顾客欢迎指数表示顾客对某种菜的喜欢程度，以顾客对各种菜购买的相对数量表示。顾客欢迎指数计算公式是：

$$顾客欢迎指数 = \frac{某种菜销售数百分比}{各菜应销售百分比}$$

$$各菜应销售百分比 = \frac{100\%}{被分析项目数}$$

销售额指数表示菜肴的盈利能力。

销售额指数计算公式是：

$$销售额指数 = \frac{某菜肴销售额百分比}{各菜应销售百分比}$$

3. 选择菜肴

不管被分析的菜品项目有多少，任何一类菜的顾客欢迎指数和销售额指数的平均值总是为 1。顾客欢迎指数的意义：顾客欢迎指数超过 1 的说明是顾客喜欢的菜，超过的越多，越受欢迎。我国通常以顾客欢迎指数 1 为菜肴保留的临界点（国外的分界点是 0.7），即大于 1 予以保留，小于 1 则从菜单上剔除该菜肴。

销售额指数的意义：与顾客欢迎指数同理，销售额指数超过 1 的说明该菜肴盈利能力强，反之，则盈利能力弱。但是，在实际应用当中，两个指标通常应结合起来考虑。这样就可以把被分析的菜品划分成四类，并对各类菜品分别制订不同的产品政策：

（1）畅销、高利润菜既受顾客欢迎又有盈利，是餐厅的盈利项目，在计划菜品时应该保留。

（2）畅销、低利润菜一般可用于薄利多销的低档餐厅中，如果价格和盈利不是太低而顾客又较欢迎，可以保留，使之起到吸引顾客到餐厅来就餐的诱饵作用。顾客进了餐厅也会订别的菜，所以这样的畅销菜有时甚至赔一点也值得。但有时盈利很低而又十分畅销的菜，也可能会转移顾客的注意力，挤掉那些盈利大的菜品的生意。如果这些菜明显地影响盈利高的菜品的销售，就应果断地取消这些菜。

（3）不畅销、高利润菜可用来迎合一些愿意支付高价的客人。高价菜毛利额大，如果销售尚可可以保留。如果销售量太小，会使菜单失去吸引力，所以在较长时间内销售量一直很少的菜应该取消。

（4）不畅销、低利润菜一般应取消。但有的菜如果顾客欢迎度和销售额指数都不算太低，接近 0.8 左右，又在营养平衡、原料平衡和价格平衡上有需要的仍可保留。

四、技能实战训练

各小组准备好所需工具，按照讲授课程的要求，运用菜单基本知识，为自己所在的餐饮企业筹划菜单。

任务二 设计菜单

一、学习任务说明

学习目标

★知识目标：菜单设计的因素。

★技能目标：掌握菜单制作方法。

★素质目标：培养应变能力、探索精神、团队协作的精神和语言表达能力。

学习结果

能清楚了解菜单设计时要考虑的因素，能合理科学装帧菜单。

重点及难点

教学重点：菜单设计的因素。

教学难点：掌握菜单制作方法。

二、课前准备

（1）物品准备：教学视频、笔、纸、菜单。

（2）场地准备：餐饮实训室、多媒体教室。

（3）分组安排：每组 4 ～ 5 人，选出一名组长。

三、相关理论知识

（一）菜品的名称和价格

1. 确定菜肴名字。

菜品的名字会直接影响顾客的选择。顾客未曾尝试过菜，往往会凭菜名去挑选。菜单上的品名会在就餐客人的头脑中产生一种联想。顾客对餐厅是否满意在很大程度上取决于看了菜单品名后对菜产生的期望值，而更重要的是，餐厅提供的菜品能否满足顾客的期望。通常，中式菜品名字确定的方法有以下几种：

- 以烹调方法命名：如油爆鸡翅、水煮肉片、清蒸鲈鱼。
- 以主要原料命名：如辣子鸡块、番茄鸡蛋、剁椒牛肉。
- 以地名命名：如无锡排骨、北京烤鸭、德州扒鸡。
- 以人名命名：如麻婆豆腐、东坡肘子、宋嫂鱼羹。
- 以色彩命名：如五彩鸡片、翡翠虾球、三色蒸水蛋。
- 以味道命名：如麻辣鸡丝、糖醋里脊、酸辣汤。
- 以寓意命名：如鸿运当头、一帆风顺。

根据国际上通行的做法，菜单上菜肴的名称和价格必须具有真实性。这种真实性应包括如下几个方面的因素：

① 菜肴名称应真实可信。菜肴名称应该好听，但更应真实，不能太离奇。国际餐饮协会对就餐者进行调查发现，故弄玄虚而离奇的菜名、顾客不熟悉或名不副实的菜名不易被顾客接受，以前曾流行过充满想象力、离奇但华而不实的菜名，如香港、广东一带就十分流行起名时"讨口彩"的做法，就餐者拿着一份充满想象力的菜单，让人如坠入云雾之中，不知道这些菜名所指的真实含义。只有那些经过世代流传，约定俗成的传统菜、经典菜的菜名可以沿用世代相传的富有传奇色彩的菜肴名称，如粤菜中的"龙虎斗"、川菜中的"麻婆豆腐"、淮扬菜中的"炝虎尾"、闽菜中的"佛跳墙"等。向大众开放的餐厅，应该采用切合实际并为顾客所熟悉的菜名。当然有些餐厅用独特菜名也有成功的，但这些名称刚进入市场时一般都配有一些辅助说明。

② 菜肴的质量应真实可靠。菜肴的质量真实可靠指包括原料的质量和规格要与菜单

的介绍相一致。如菜肴名称是炸里脊肉，餐厅就不应用猪腿肉做此菜的原料；原料的产地也应该真实，菜单上说是进口牛肉，就不应该用国产的替代；菜肴的份额同样应该真实，菜单上注明的分量为多少，就应足量供应。中餐中例盆的份额必须保证在通常情况之下，够3~4个人食用；原料的新鲜程度也应保证真实，如菜单上注明的是新鲜蔬菜，就不应该使用罐头或速冻品替代。

③ 菜肴的收费应童叟无欺。菜肴的收费应与实际供应的相符。有些餐饮机构加收服务费、特种行业经营管理费、包间费、开瓶费等，必须在菜单上加以注明，若有价格变动要立即做出相应的处理。

④ 外文名字须准确无误。菜单是餐厅管理服务质量的一种标记。如果西餐厅菜单的英文或法文名称搞错或拼写错误，说明西餐厅对西餐的烹调不熟悉或对质量控制不严；如果中餐厅菜单上的英文名称译错或书写出错，将会使外国客人茫然不知所措。

⑤ 菜单上所列的产品应保证供应。

2. 确定菜肴价格范围

确定菜肴价格范围时，餐饮管理人员须对餐厅的经营情况进行分析，计算为使餐厅获取目标利润的就餐客人的人均消费额应该为多少。同时还要进行菜单分析和顾客调查，了解目标顾客愿意支付的人均消费额是多少。管理人员根据这些信息确定餐厅的人均消费额标准，并根据人均消费额标准定出各类菜品的价格范围。

在确定各类菜品的价格范围时，先要把菜品分成若干个大类别，根据竞争者餐厅或本餐厅以前的销售调查算出各类菜品占销售额的百分比以及顾客对各类菜的订菜率。

$$各类菜平均价格 = \frac{期望人均消费额 \times 该类菜占销售额百分比}{订菜率}$$

在算出各类菜的平均价格以后，根据对各类菜拟定的菜品数，向上或向下滑动，定出该类菜的价格范围。在各类菜的价格范围内，再选择原料成本高、中、低档次搭配的菜，使各类菜在一定价格范围内有高、中、低档之分。

管理人员在这些价格范围内，根据原料的种类、成本和可得性以及厨师的烹调能力来选择菜品就比较容易了。

（二）描述性说明

描述性说明就是以简洁的文字描述出该菜品的主要原料、制作方法和风味特色。有些菜名或源于典故，或追求悦耳，顾客不易理解，更应予以清楚描述。

菜单的描述性说明应包括以下几项：

（1）主要原料、配料以及一些独特的浇汁和调料。有些配料要注明规格，有些采用寓意命名方法起名的菜肴，应说明其主料、辅料的确切名称。

（2）菜品的烹调与服务方法。某些具有独特烹调和服务方法的菜肴应予以说明，而普通加工及服务方法则不用介绍。

（3）菜品的份量大小。许多菜肴要注上每份的量，西餐用分量要加注重量，如牛排重200克；中餐则应标明是例盆、大盆等不同规格、份额等。

（4）菜品的烹调准备时间。某些特殊菜肴，由于加工时间较长，应在菜单上注明烹饪等候时间，以免销售者与消费者之间产生误会。

（5）重点促销的菜肴。菜单上的介绍要注意引导顾客去订那些餐厅希望重点促销的菜肴，因此要着重介绍高价菜、名牌菜、看家菜、滞销菜等。

（三）促销信息

除菜肴名称、价格这些菜单必不可少的核心内容之外，菜单还应提供一些促销性信息。促销信息必须十分简洁明了，一般包括以下一些内容：

（1）餐厅的名字。餐厅的名字通常在封面。

（2）餐厅的特色风味。如果餐厅具有某些特色风味而餐厅名字本身又反映不出来的，最好在菜单封面、餐厅的全名下列出其风味。

（3）餐厅的地址、电话和商标记号。这些一般列在菜单的封底下方，有的菜单还列出餐厅在城市中的地理位置。

（4）餐厅的营业时间。餐厅的营业时间在菜单的封面或封底列出。

（5）餐厅加收的费用。如果餐厅加收服务费，通常在菜单每一张内页的底部标明。

（四）餐厅背景信息

有些菜单上还介绍餐厅的质量、历史背景和餐厅特点。许多餐厅需要推销自己的特色，而菜单是推销的最佳途径。例如肯德基、家乡鸡刚刚进入中国市场时，在其各分号的餐馆中利用菜单介绍了这个国际集团的规模、历史背景、企业的发展过程及这种炸鸡的烹调方法。

（五）菜单的色彩、照片

菜单的色彩能起到推销菜品的作用。在菜单上运用色彩和照片是当代餐厅的一种潮流。菜单色彩的作用是：具有装饰作用，使菜单更具吸引力，更能令人产生兴趣；色彩能显示餐厅的风格和气氛，因此菜单的色彩要与餐厅的环境、餐桌和餐具的颜色相协调。菜单上使用色彩，不但美观也能起到推销效果。色彩越多，印刷成本越高，单色菜单成本最低，通常四色就能使菜单达到不错的效果，如食品彩色照的复印就需要四种颜色。采用色纸能增加菜单的色彩、美化菜单的外观而不增加印刷成本。菜单不宜选用颜色过深的色纸，以免因不清晰而影响顾客阅读。另一种经济的办法是在菜单上使用一条宽的彩色带，彩色带能改善菜单的外观和色彩。

彩色照片也能对食品饮料起推销作用。彩色照片能直接展示餐厅所提供的食品和饮料。一张菜品的彩色照片胜于千字说明，它是菜品的真实依据。许多食品只有用颜色和照片才能显示质量，如描绘新鲜牛排和虾的质量就必须用颜色来反映。许多造型漂亮的菜肴和饮料也只能用照片才能显示出来。

彩色照片能为菜单增加色彩，增加美观度，使菜单显得活泼而吸引人。与之相比，黑白菜单就显得乏味单调。

彩色照片能使顾客加快订菜的速度，它是菜品有效的推销工具。顾客看到诱人的菜品照片很快就能决定选择的菜品，这样能提高座位周转率。

印上彩色照片的菜肴应该是餐厅最愿意销售的、并希望顾客能注意并决定购买的菜品。餐厅常把高价菜、名牌菜和受顾客欢迎的菜品彩照印在菜单上，以加强推销效果。另一类常有彩照的菜是形状美观色彩丰富的菜，这种照片会给菜单和餐厅增加光辉。

彩色照片的印制要注意质量，印刷质量差反而会使顾客倒胃口，如果一块牛排被印成绿色，苹果馅饼印成灰色，那还不如不附彩色照片。彩色照片旁边要印上菜名，注明配料和价格，以便于顾客点菜。为增添彩照的吸引力，有些菜单还常在旁边配上些水果和蔬菜做背景。

（六）菜单的大小

美国餐厅协会对顾客调查证明，菜单最理想的尺寸为 23 cm×30 cm，这样的尺寸顾客拿起来舒服。尺寸太大，顾客拿起来不方便，尺寸太小又因篇幅过小而使文字过密。菜单的篇幅上应保持一定的空白，篇幅上的空白会使字体突出，易读，并避免杂乱。如果菜单的文字所占篇幅多于 50%，会使菜单看上去又挤又乱，会妨碍顾客阅读和挑选菜品。菜单四边的空白应宽度相等，给人以均匀之感。左边字首应对齐。菜单页数不宜过多，过多使人有繁冗之感，但也不能过少，否则难以反映出餐厅的实际档次与水平。

（七）菜单程式的安排

1. 按就餐顺序排列

顾客一般按就餐顺序点菜，因此，菜单的内容一般按就餐顺序排列，以便顾客能很快找到菜品的类别而不致漏点。

中餐菜单的程式一般为：冷盘、热菜、汤、主食、饮料。

西餐菜单的程式一般是：开胃品、汤、色拉、主菜、三明治、甜点、饮品。值得一提的是，在西餐菜单中，主菜的地位举足轻重，分量很大，应该尽量排在显要的位置。根据人们的阅读习惯和餐饮同行们的经验总结，单页菜单上主菜应列在菜单的中间位置；双页菜单上主菜应放在右页的上半；三页菜单中主菜须安排在中页的中间；四页菜单里主菜通常被置于第二页和第三页上。具体安排见图 3-2。各类菜单中阴影部分为主菜的理想位置。

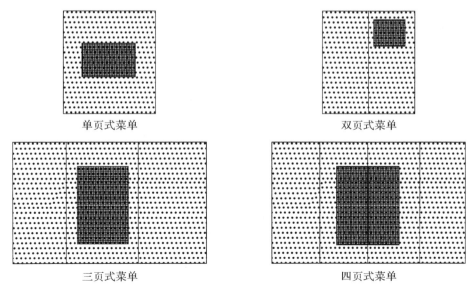

单页式菜单	双页式菜单

三页式菜单	四页式菜单

图3-2

2. 按视线顺序排列

菜品编排顺序要考虑到菜单的不同位置对顾客视线的吸引力。菜品类别的编排要按最重要、重要、次要的先后顺序排列。主菜是菜单中价格较高，能给餐厅带来较多利润的菜品，所以主菜应该尽量列在醒目的位置。菜单的编排也要注意眼光集中点的推销效应，要将重点推销菜品列在醒目之处。重点促销菜肴可以是时令菜、特色菜、厨师拿手绝活菜，也可以是由滞销、积压原料经过精心加工包装之后制成的特别推荐菜，总之是饭店希望尽快介绍、推销给就餐者的菜。

菜品在菜单上的位置对于菜单的推销有很大的影响。要使推销效果显著就必须遵循一个原则，即列在第一项和最后一项的菜品最能吸引人们注意，并能在人们头脑中留下最深刻的印象。因此，应将盈利最大的菜品放在顾客第一眼和最后一眼注意的地方。调查显示，顾客几乎总是能注意到同类菜品的第一个和最后一个。所以，每个菜单都有它的重点推销区域。见图3-3。

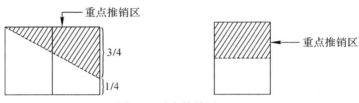

图3-3 重点推销区

三页菜单对菜肴推销很有利，中间部分是人们打开菜单首先注意的地方。使用三页菜单，人们首先注意正中位置，然后移至右上角，接着移至左上角，再到左下角，最后又回到正中。依据对人们眼睛注意力研究的结果表明，人们对正中部分的注视程度是对全部菜单注视程度的七倍。因而中页的中部是最显眼之处，应放上餐厅最需要推销的菜肴。阅读三页式菜单的先后过程见图3-4。

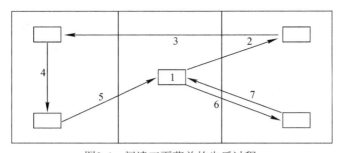

图3-4 阅读三页菜单的先后过程

（八）菜单制作材料

对于餐厅的经营者来说，处理用纸问题不外乎两点，即菜单打算用一次报废，还是打算尽可能长久性的使用？如果菜单是打算逐日更换的，这种菜单可以印在普通的轻磅纸上。轻磅纸无需涂膜，价格低廉，用上一天即予处理。如果菜单是打算长久使用的，菜单就需印在重磅的涂膜纸上，这种纸经久耐用，经得起顾客多次周转传递。若选用防水纸，还能随时用湿布擦拭。这类纸通常是封面纸或板纸，经过特殊处理，由于涂膜，它耐水耐污，使用时间也长久。选择恰当的菜单用纸涉及纸张的物理性能和美学问题，如纸的强度、折叠后形状的稳定性、不透光度、油墨吸收性、光洁度和白晰度等。此外，纸张还存在着质地差异，有表面十分粗糙的，也有表面十分细洁光滑的。由于菜单总是被顾客拿在手里看，所以纸张的质地或"手感"也是个重要的问题。

（九）菜单的字体

菜单的字体能为餐厅制造气氛，反映餐厅的环境，它与餐厅的商标标记一样，是餐厅形象的一个重要组成部分。菜单的颜色、标记、字体能显示餐厅的特征，一旦选定了字体和标记图案后，这种图案和标记就不仅用在菜单上，还要用在火柴盒、餐巾纸、餐垫、餐桌广告牌上及其他推销品上。使用令人容易辨认的字体和标记，能使顾客感到餐厅的食品和饮料、服务质量具有一定的标准继而给顾客留下深刻印象。为使菜单的字体易于辨认，字体不宜过小，要使顾客在餐厅的光线下，特别是在晚间的灯光下能清楚地阅读。菜单设计要尽可能加强字体的易读性和清晰度，这需要调整字体和字号的大小。

（十）菜单的形式

菜单最常见最传统的表现形式是长方形的平面菜单。除此之外，一些主题餐厅和特色餐厅还采用心形、扇形、刀形、灯笼形等立体菜单。实训过程中，在菜单设计内容正确适用的前提下，应积极鼓励学生创作。

图 3-5 是学生的实训作品。

图3-5 菜单封面的设计

（1）菜单封面设计必须符合餐厅的经营风格。每一家餐厅都有自己经营的特点，一份设计精良、色彩丰富、漂亮且又实惠的菜单封面应该成为该餐厅经营风格的醒目标志，无论是在图案、色彩还是规格上，都应突出其特点。假如你经营的是一家古典式餐厅，菜单封面上的艺术装饰应对此有反映。如果你经营的是一家现代晚餐俱乐部式餐厅，那么，菜单封面艺术装饰就有时代色彩，应考虑到抽象艺术，甚至流行的通俗艺术绘画。

（2）菜单封面还应被视为室内点缀品之一。整个餐厅的装饰应讲究整体上的协调统一，餐桌的装饰、房间的装饰、门脸的装饰等都应协调起来。菜单作为其中一个小的部分，分散于顾客手中，封面的颜色要么跟餐厅的色彩设计相协调，要么就是互成反差，使之相映成趣。在一家设计完美的餐厅里，菜单封面通常是设计得既能恰如其分地体现餐厅的名称，又能与餐厅的装饰色调和设计和谐一致。

（3）菜单封面上的内容。一般菜单封面上都有饭店或餐厅的名称，有的还包括其他一些内容，如餐厅的地址、电话号码、营业时间、支付方式等。不过这些内容不一定都印在封面正面，正面可以只印餐厅的名称，其余的几项印在封底上。封底还可以注明一些与经营有关的重要内容，如会议设施、外卖服务、餐厅简史或餐厅所处地段的简图等。

看图3-6，找出其不足之处。

图3-6　菜单图

（十一）菜单设计、制作及使用中常见的问题

菜单设计、制作及使用中常见的问题如下：

（1）制作材料选择不当。

许多菜单采用各色簿册制品，其中有文件夹、讲义夹，也有集邮册和影集本，而非专门设计的菜单。这样的菜单不但不能起到点缀餐厅环境、烘托餐厅气氛的效果，反而与餐厅的氛围格格不入，显得不伦不类。

（2）菜单太小，装帧过于简陋。

许多菜单内芯以16开普通纸张制作，这个尺寸无疑过小，造成菜单上菜肴名称等内容排列紧密，主次难分，有的菜单甚至只有练习本大小，但页数竟有十多张，无异于一本小杂志。绝大部分菜单纸张单薄、印刷质量差、无插图、无色彩，加上保管使用不善，显得极其简陋、肮脏不堪，毫无吸引人之处。

（3）字型太小，字体单调。

坐在饭店餐厅中不甚明亮的灯光下，阅读由3毫米大小的铅字印就的菜单绝对不能算轻松。同时，大多数菜单字体单一，忽视使用不同大小、不同字体等变化的手法来突出、宣传重要菜肴。

（4）随意涂改菜单。

随意涂改菜单已成为国内餐饮企业的通病，上至五星级的豪华饭店，下至大众化的普通饮食店，涂改菜单比比皆是。涂改的方法主要有：用钢笔、圆珠笔直接涂改菜名、价格及其他信息；或用电脑打印纸、胶布遮贴。菜单上被涂改最多的部分是价格。这些做法，使菜单显得极不严肃，很不雅观，容易引起就餐客人的极大反感。

（5）缺少描述性说明。

每一位厨师长或餐饮经理都能把菜单菜肴的配料、烹调方法、风味特点、有关菜肴的典故和传说讲得头头是道，然而一旦用菜单形式介绍时就大为逊色。尤其是中餐中的那些传统经典菜和创新菜，不少菜名虽然雅致形象、引人入胜，但绝大多数就餐者却很少能知其由来，更不用说来自异国他乡的国际旅游者。即使许多菜单附有英译菜名，但由于缺少描述性说明，使得外国游客在点菜时仍觉不便。

（6）单上有名，厨中无菜。

凡列入菜单的菜肴品种，厨房必须无条件地保证供应，这是一条相当重要但极易被忽视的餐饮管理规则。不少菜单表面看来可谓名菜汇集、应有尽有，但实际上往往缺门很多。

（7）不应该的省略。

有些菜单居然未列价格，读来就像一本汉英对照的菜肴名称集。有的菜单未把应列的菜肴印上，而代之以"请询问餐厅服务员"。

（8）遗漏。

许多菜单上没有注明饭店地址、电话号码、餐厅营业时间、餐厅经营特色、服务项目、预订方法等内容。显而易见，为使菜单更好地发挥宣传广告作用和媒介作用，许多重要信息是不能省略和遗漏的。

四、技能实战训练

各小组准备好所需工具，按照讲授课程的要求，为自己所在的餐饮企业装帧菜单。

模块三　规划餐厅、布局厨房

任务一　餐厅空间划分

一、学习任务说明

学习目标

★知识目标：了解餐饮企业的空间组成、规模。

★技能目标：掌握餐饮企业布局设计的一般要求。

★素质目标：培养应变能力、探索精神、团队协作的精神和语言表达能力。

学习结果

了解餐饮企业的空间组成、规模，根据餐厅风格布局设计不同餐厅。

重点及难点

教学重点：餐饮企业的空间组成、规模。

教学难点：餐饮企业布局设计的一般要求。

二、课前准备

（1）物品准备：教学视频、笔、纸、不同类型的白酒、白酒杯。

（2）场地准备：餐饮实训室、多媒体教室。

（3）分组安排：每组4～5人，选出一名组长。

三、相关理论知识

（一）餐饮空间的构成

1. 餐饮空间的构成

（1）厨房：厨房是准备原料和烹制菜肴的区域，包括库房、冰库、粗加工区、精加工区、炉灶区、点心房、冷菜房、清洗消毒间等。

（2）餐厅：餐厅是接纳顾客用餐的场所，包括迎宾台、会见区、休息区、大厅、雅座、包厢、多功能厅、酒吧区、备餐间、卫生间，以及烹饪表演区、舞台演出区、演员更衣室、点菜区、海鲜池等。

（3）其他：其他区域，包括办公室、员工更衣室、员工浴室、员工卫生间、物品仓库及员工吸烟室。

2. 确定餐厅厨房面积的方法

（1）以餐厅预期的就餐人数为参数。

（2）按分配比率表为依据。

（3）根据餐厅不同的功能来分配。

3. 餐厅的具体布置

餐厅的布置，包括餐厅的门面（出入口）、餐厅的空间、座席空间、光线、色调、音响、空气调节、餐桌椅标准，以及餐厅中客人与员工流动线设计等内容。

（1）餐厅的店面及通道的设计布置。

目前，餐厅在店面设计与布置上摆脱了以往封闭式的方法而改为开放式。外表采用大型的落地玻璃使之透明化，使人一望即能感受到厅内用餐的情趣。同时注重餐厅门面的大小和展示窗的布置，以及招牌文字的醒目和简明。

① 餐厅通道的设计布置应体现流畅、便利、安全，切忌杂乱。

② 餐厅内部空间、座位的设计与布局。

A. 餐厅空间。通常情况下，餐厅的空间设计与布局包括以下几个方面：

• 流通空间：通道、走廊、座位等。

• 管理空间：服务台、办公室、休息室等。

• 调理空间：配餐间、主厨房、冷藏保管室等。

• 公共空间：洗手间等。

餐厅内部的设计与布局应根据餐厅房间的大小决定。由于餐厅内部各部门所占空间的需要不同，要求在进行整个空间设计与面局规划时，统筹兼顾，合理安排。要考虑到客人的安全性与便利性，营业各环节的机能、实用效果等因素；注意全局与部分间的和谐、均匀、对称，体现出浓郁的风格情调，使客人一进餐厅在视觉和感觉上都能强烈地感受到形式美与艺术美，产生愉悦。

B. 餐厅座位。餐厅座位的设计、布局，对整个餐厅的经营影响很大。尽管座位的餐桌、椅、架等大小、形状各不相同，但还是有一定的比例和标准，一般以餐厅面积的大小，按座位的需要做适当的配置，使有限的餐厅面积能极大限度地发挥其运用价值。

目前，餐厅中座席的配置一般有：单人座、双人座、四人座、六人座、火车式、圆桌式、沙发式、方形、长方形、情人座、家庭式等形式，以满足各类客人的不同需求。

③ 餐厅动线的安排。

餐厅动线是指客人、服务员、食品与器物在厅内的流动方向和路线。

A. 客人动线。客人动线应以从大门到座位之间的通道畅通无阻为基本要求，一般说，餐厅中客人的动线采用直线为好，避免迂回绕道，任何不必要的迂回曲折都会使人产生一种人流混乱的感觉，影响或干扰客人进餐的情绪和食欲，餐厅中客人的流通通道要尽可能宽畅，动线以一个基点为准。

B. 服务人员动线。餐厅中服务人员的动线长度对工作效益有直接的影响，原则上愈短愈好。

在服务人员动线安排中，注意一个方向的道路作业动线不要太集中，尽可能除去不必要的曲折。可以考虑设置一个"区域服务台"既可存放餐具，又有助于服务人员缩短行走路线的动线。

④ 餐厅的光线与色调。

大部分餐厅设立于邻近路旁的地方，并以窗代墙；也有些设在高层，这种充分采用自然光线的餐厅，使客人一方面能享受到自然阳光的舒适，另一方面能产生一种明亮宽敞的感觉，心情舒展而乐于饮食。

还有一种餐厅设立于建筑物中央，这类餐厅需借助灯光，并摆设各种古董或花卉，光线与色调也十分协调。这样才能吸引客人注意，满足客人的视觉。

通常饭店餐厅所使用的光源布置如表3-7所示。

表3-7　光源种类说明

类别	亮度	寿　命	色彩	调光	用途	性能
白炽灯	1	100小时，使用调光器时，可用400小时	红黄	可	入口门厅、餐厅、厨房、洗手间处	白炽灯是钨丝制成，熔点甚高
日光灯	3	3000小时，每开关一次，就缩短2小时寿命	黄绿（红橙黄色）	不可	外灯、门灯、公用灯等	即荧光灯

餐厅入口照明是为了使客人能看清招牌，吸引注意力，它的高度以建筑物的高低相适应，光线以柔和为主，使客人感觉舒适为宜。

餐厅走廊照明，如遇拐弯和梯口，如果应配置灯光，灯泡只要20～60 W就够了。长走廊每隔6米左右装一盏灯，如遇角落区有电话或储物，要采取局部照明法。

餐厅光线与色调的配置要结合季节来制订，或依餐厅主题制订。分别如表3-8和表3-9所示。

表3-8　根据季节配置的餐厅色调

季　节	色　调	光　源
春	明快	50～100烛光
夏	冷色调为主	50烛光
秋	成熟强烈色彩	50～100烛光
冬	暖色调为主	100烛光

表3-9　根据餐厅类型配置的餐厅色调

餐　厅	色　调	光　源
豪华型	软暖或明亮	50烛光
正　餐	橙黄，水红	50～100烛光
快　餐	乳白色，黄色	100烛光

无论哪一种光线与色调的确立，都是为了充分发挥餐厅的作用，以获取更多的利润和给客人以更多的满足。

（2）空气调节系统的布置。

客人来到餐厅，希望能在一个四季如春的舒适空间就餐，因此室内空气与温度的高度对餐厅的经营有密切的关联。

餐厅的空气调节受地理位置、季节、空间大小、室外温度等因素的制约。餐厅根据不同季节环境所选用的温度与湿度如表3-10所示。

表 3-10　餐厅是内外温度比较

室外温度（℃）	室内温度（℃）	与室外温度比例
25℃	22℃	65%
26℃	23℃	65%
28℃	24℃	65%
30℃	25℃	60%
35℃	29℃	60%
−10℃	1~5℃	45%
−50℃	5℃	50%

（3）音响设施。

餐厅根据营业需要，在开业前就应考虑到音响设施的配置。音响设施既包括背景音乐设备，也包括乐器和乐队。高雅的餐厅中，在营业时，会有人演奏钢琴；有的餐厅营业时播放轻松愉快的乐曲；也有这样的餐厅，有乐队演奏，歌星献艺，客人自娱自唱。有时餐厅还会被用作会场，还要为会议提供多种同声翻译的音响设备。所以各餐厅应根据自己的需要配备相应的音响设施。

（4）非营业性设施。

餐厅中常设有一些非营业性公共设施，这些设施虽然不创造效益，但能给客人带来便利，所以也必不可少。

① 接待室。接待室的设立是为了在餐厅客满时，客人不必站立等候，可以在设备舒适的地方休息。接待室提供给客人消遣的设施，如电视机、报刊、杂志等，如有可能还可设立一个小推销站，接待室空间较为宽敞时，还可作为小型会议场所。

② 衣帽间。衣帽间通常设在靠近餐厅进口处。

③ 洗手间。评估一个好的餐厅是从装潢最好的洗手间开始，因为任何人都可以由洗手间的整洁程度来判断该餐厅对于食物的处理是否合乎卫生，所以应引起特别重视。洗手间的设置应注意以下：

• 洗手间应与餐厅设在同一层楼，免得客人上下不便；

• 洗手间的标记要清晰、醒目（要中英对照）；

• 洗手间切忌与厨房连在一起，以免影响客人的食欲；

• 洗手间的空间能容纳三人以上；

• 附设的酒吧应有专用的洗手间，以免饮酒客人不便。

餐饮生产场所布局的基本要求有以下：

• 同一平面设计厨房，同样，厨房要和餐厅设计在同一平面上，并使它尽量靠近餐厅。

• 在通道动线设计上要保证工作流程通畅，避免交叉回流。

• 兼顾厨房促销功能。

• 作业点流程合理。

• 作业点尽可能兼用、套用。

• 创造良好的工作条件。

• 满足功能需要（入口，分区，餐桌，灯光等）。

（二）餐饮企业调研报告基本内容与格式

（1）外观：建筑外形、高度、线条、色彩、入口、门窗装饰、招牌、人物造型、广告牌、招贴区、橱窗展示、停车场、绿化。

（2）内貌：地面、桌椅设计、摆放、氛围、灯光、温度、色彩、音响、墙壁、装饰、空间分隔、功能区域设置、厨房与餐厅的比例、通道设计（员工、顾客）。

调研报告格式要求如下：

封　　　面：关于 ** 餐厅的调研报告
调研小组名称：
成 员 组 成：
报告完成日期：
正 文 开 始
一、调研时间、地点（可能分多次调研）
二、分工情况（写明小组各成员的职责与分工情况）
三、调研内容
餐厅概况简介
1. 上述内容调研结果（可以设计一个表格来呈现）
2. 餐厅规划及布局设计方面的特色
四、调研总结
1. 通过总结所调研餐厅在布局设计方面的优点与缺点，提出对它的建议，说明对本餐厅布局设计的启示
2. 感想（包括组织此次调研方面的经验与不足）
3. 其他

四、技能实战训练

各小组准备好所需工具，按照讲授课程的要求，为自己的餐饮企业的风格提出初步设计方案。

任务二　规划布局餐厅、厨房

一、学习任务说明

学习目标

★知识目标：掌握餐厅厨房规划布局的原则。

★技能目标：能规划和布局餐厅。

★素质目标：培养应变能力、探索精神、团队协作的精神和语言表达能力。

学习结果

掌握餐厅厨房规划布局的原则，能规划和布局餐厅。

重点及难点

教学重点：掌握餐厅厨房规划布局的原则。

教学难点：规划和布局餐厅。

二、课前准备

（1）物品准备：教学视频、笔、纸。

（2）场地准备：餐饮实训室、多媒体教室。

（3）分组安排：每组 4～5 人，选出一名组长。

三、相关理论知识

（一）餐厅厨房规划布局的原则

餐厅的装修规划布局要合理，强调整体性。饭店的装修改造是延长饭店生命周期、经营产品的再次开发、经营管理理念提升的过程，而不是简单意义上的翻新。为此，要在充分调研饭店客源市场、综合考虑饭店不同规模、不同档次的经营产品结构现状的基础上，组织专业设计师、建筑师和饭店经营管理者，围绕饭店的市场定位、产品开发、功能布局和流程设计、管理模式及其配套隐蔽工程的整体布局，将饭店改造的规划设计放在有利于企业整体发展的平台上进行充分的科学论证，使其更加科学合理。

1. 设计理念要新，装饰风格要独特

现代饭店越来越注重运用适应时代潮流的装饰设计新理念，突出饭店经营的主体性和个性，满足客人在快节奏的社会中追求完美舒适的心理需求。因此装饰设计要体现"完美舒适即是豪华"这一新理念，一改传统的繁琐复杂的设计手法，通过巧妙的几何造型、主体色彩的运用和富有节奏感的"目的性照明"烘托，营造出简洁、明快、亮丽的装饰风格和方便、舒适、快捷的经营主题。要让共享大厅空间自然延伸，并与室外绿色景观融为一体。客房装饰要突出舒适感和人性化的设计理念。

2. 整体改造要绿色环保，隐蔽工程要完善配套

打造绿色环保型饭店，完善配套隐蔽工程，是改造工程的重要目标之一。对所有的配套管线和效率低、耗能高、不利于环境保护的设备，进行全面更新改造及周边环境的绿化、美化、亮化。并根据整体布局，对隐蔽管线走向做相应的调整，为饭店整体经营的经济性、安全性、环保性和舒适性打下良好的基础。

（二）餐厅装修的要点

1. 色彩的搭配

餐厅的色彩配搭一般都是随着客厅的，这主要是从空间感的角度来考虑的，因为目前国内多数的住房设计中，餐厅和客厅都是相通的。对于餐厅单置的构造，色彩的使用上，宜采用暖色系，因为从色彩心理学上来讲，暖色有利于促进食欲，这也就是为什么很多餐厅采用黄、红系列的原因。

2. 餐厅的风格

餐厅的风格是由餐具决定的，所以在装修前期，就应对餐桌、餐椅的风格定夺好。其中最容易冲突的是色彩、天花造型和墙面装饰品。一般来说，它们的风格对应是以下这样的：

（1）玻璃餐桌：对应现代风格、简约风格。

（2）深色木餐桌：对应中式风格、简约风格。

（3）浅色木餐桌：对应自然风格、北欧风格。

（4）金属雕花餐桌：对应传统欧式（西欧）风格。

（5）简练金属餐桌：对应现代风格、简约风格、金属主义风格。

3. 餐桌的选择

餐桌的选择需要注意与空间大小配合，小空间配大餐桌或者大空间配小餐桌都是不合适的。由于购买的实际问题，购买者很难把东西拿到现场进行比较，因此，先测量好所喜好的餐桌尺寸后，拿到现场做一个全比例的比较，这样会比较合适，可避免过大过小。

4. 餐桌布的选择

餐桌布宜以布料为主，目前市场上也有多种选择。使用塑料餐布的，在放置热物时，应放置必要的厚垫，特别是玻璃桌，有可能引起不必要的受热开裂。

5. 餐桌与餐椅的配合

餐桌与餐椅一般是配套的，也可分开选购，但需注意人体工程学方面的问题，如椅面到桌面的高度差以 30 cm 左右为宜，过高或过低都会影响正常姿势，椅子的靠背应感觉舒适。

（三）前厅的装修设计

1. 餐厅总体环境布局

餐厅的总体布局是通过交通空间、使用空间、工作空间等要素的完美组织所共同创造的一个整体。作为一个整体，餐厅的空间设计首先必须合乎接待顾客和使顾客方便用餐这一基本要求，同时还要追求更高的审美和艺术价值。原则上说，餐厅的总体平面布局是不可能有一种放诸四海而皆准的真理的，但是它确实也有不少规律可循，并能根据这些规律，创造相当可靠的平面布局效果。餐厅内部设计首先由其面积决定。由于现代都市人口密集，寸土寸金，因此须对空间做有效的利用。从生意上着眼，第一件应考虑的事就是每一位顾客可以利用的空间。厅内场地太挤与太宽均不好，应以顾客来餐厅的数量来决定其面积大小。秩序是餐厅平面设计的一个重要因素。

由于餐厅空间有限，所以许多建材与设备，均应做经济有序的组合，以显示出形式之美。所谓形式美，就是全体与部分的和谐。简单的平面配置富于统一理念，但容易因单调而失败；复杂的平面配置富于变化的趣味，但却容易松散。配置得当时，添一份则多，减一份嫌少，移去一部分则有失去和谐之感。因此，设计时还是要运用适度的规律把握秩序的精华，这样才能求取完整而又灵活的平面效果。在设计餐厅空间时，由于所需空间大小各异，其组合运用亦各不相同，必须考虑各种空间的适度性及各空间组织的合理性。

有关的主要空间有如下几种：

顾客用空间：如通路（电话、停车处）、座位等，是服务大众、便利其用餐的空间。

管理用空间：如入口处服务台、办公室、服务人员休息室、仓库等。

调理用空间：如配餐间、主厨房、辅厨房、冷藏间等。

公共用空间：如接待室、走廊、洗手间等。

在运用时要注意各空间面积的特殊性，并考察顾客与工作人员流动路线的简捷性，同时也要注意消防等安全性的安排，以求得各空间面积与建筑物的合理组合，高效率利用空间。

2. 用餐设备的空间配置

店内设计除了包括对店内空间做最经济有效的利用外，店内用餐设备的合理配置也很重要。诸如餐桌、椅以及橱、柜、架等，它们的大小或形状虽各不相同，但应有一定的比例标准，以求得均衡与相称，同时各种设备应各有相当的关系空间，以求能提供有水准的服务。

具体来说，用餐设备的空间配置主要包括餐桌、餐椅的尺寸大小设计及根据餐厅面积大小对餐桌的合理安排。餐桌可分西餐桌和中餐桌。西餐桌有长条形的、长方形的；中餐桌一般为圆形和正方形，以圆形居多。西欧较高级的餐厅也采用圆形餐桌。如空间面积许可，宜采用圆形桌，因为圆形桌比方形桌更富亲切感。现在餐厅里也开始用长方形桌做普通的中餐桌。餐桌是方形或圆形的并不限定，以能随营业内容与客人的人数增减机动应用为佳。普通餐厅都采用整齐划一的方形桌或长方形桌。方形桌的好处是可在供餐的时间内随时合并成大餐桌，以接待没有订座的大群客人。餐桌的就餐人数依餐桌面积的不同有所不同、圆形的中餐桌最多能围坐十二人，但是快餐厅里更喜欢一人一个的小方桌。餐桌的大小要和就餐形式相适应。

现代生活中，人们并不是经常结伴成伙地去餐厅大吃一顿，多数还是普通用餐，所以对于一般餐厅来说，还应以小型桌为主，供二至四人用餐的桌子，刚好符合现代中国家庭的要求。

而快餐厅可以多设置一些单人餐桌，这样，就餐人就可避免和不相识的人面对而坐、互看进餐的尴尬局面。而且，快餐厅的营业利润依赖于进餐人数。一人一桌，即使是几个朋友一块来，也不便左右回顾去大声聊天，影响进餐速度。能让顾客快吃快走，才是最理想的餐桌形式。大型的中餐桌，往往是供群体就餐而设置的。中餐的菜谱复杂，从凉菜到最后上汤、水果，用餐结束，最快也要40分钟以上的时间。而就餐人一聊天，海阔天空，一餐时间往往只能接待一茬顾客。

对于中餐馆来说，营业利润并不是依靠就餐人数提高，而是依靠消费水平来提高。为了能使餐馆的利润提高，包厢或包间就是一种好的形式。因为，首先包间为就餐人提供了一个相对秘密的空间环境，别人干扰不了他们，他们也不会干扰别人；其次，在这样一个小空间里，服务水平和服务设施可以有很大的提高；再者，顾客可以延长就餐时间，用餐消费的开支可以随之提高；另外，由于是品尝性质的慢慢就餐，而且每道菜送上来时，服务人员可以向顾客介绍菜的内容，因此在这里也可以充分体现饮食文化。餐桌的大小会影响到餐厅的容量，也会影响餐具的摆设，所以决定桌子的大小时，除了符合餐厅面积并能最有效使用的尺寸外，也应考虑到客人的舒适以及服务人员工作人员工作方便与否。桌面不宜过宽，以免占用餐厅过多的空间面积。座位的空间配置上，在有柱子或角落处，可单方靠墙做三人座，可也变成面对面或并列的双人座。餐桌椅的配置应考虑餐厅面积的大小与客人餐饮性质的需要，随时能迅速做适当的调整。

（四）厨房的规划和布局

厨房内的生产通常应该畅通无阻，各工作区既能独立操作，又方便工作流程，同时又要保证工作人员和设备的安全。下面是厨房生产区的各工作中心分布情况。

（1）第一工作区，也叫粗加工区。任何一种菜肴的加工都是从择菜、洗菜、切菜开始的，所以把这个地方称做第一加工区。这里的加工主要是如削土豆、剥葱、剖鱼之类。把菜择好后，当然需要拿到水池里清洗干净。为了便于清洗，第一加工区内必须设有一定数量的水池。水池越多越好，这样遇到菜多的时候也不怕没地方洗，而且水池多了，菜也洗得快。接下来，厨师就可以拿这些干净的菜来施展厨艺了。细细算一下，第一加工区总共设了三个工作中心，即清洗、削皮、整形处理。

有方便的工具当然可以减轻劳动强度，厨房里因此还须配备削皮机、切菜机和切肉机。厨师把这些原料初步加工完后，有些需进入验收区进行检验，有的则直接可以进入烹调区制作。从第一工作区到验收区、烹调区的通道绝对不能有障碍物，否则拖延了时间，食品的质量就会受到损害，工作效率就会下降。与此同时，择菜、初步加工后的垃圾应及时倒入垃圾存放处，从第一工作区到垃圾存放处也须畅通。

例：刘老板开的餐馆，是租用高层建筑的一部分，建筑结构不像他在乡下开的平房铺面，没有后门进货、择菜。他只好将就着，在烹调区内同时进行粗加工和烹调。结果，乱成一团糟。一次是厨师急忙中将未洗净的蔬菜下锅，结果顾客发现菜中包着异物，引起投诉；一次是厨师端起锅欲转身倒掉洗锅水，结果脚踩了洋葱皮，滑了一个趔趄，把半锅滚烫的水泼到蹲在地上择菜的女工小王头上，造成工伤。刘老板于是痛下决心，腾出一间客房，专用作粗加工区。

（2）烹调区。烹调区的食品来自三个方向：第一工作区、储存工作区以及直接采购送入。烹调区负责热菜的烹调和主食的制作，厨师们就主要集中在热菜烹调区。

　　在考虑烹调区的布局时，经营者必须熟悉烹调区的工作流程。有的食品烹调好后直接送上餐桌，有的食品烹调完后需放入冰箱待进一步烹制。在烹调区和服务区之间需设置一个存放热菜台或出菜车等（这个区域称为备餐处），备餐处和服务点的距离应尽量缩短，以减少服务人员到餐桌间的时间。

　　从服务人员的角度来考虑烹调区的布局外，更要为厨师的操作方便着想。厨师要对菜肴的烹调数量和质量负责，就必须有科学合理的工作环境。因此，厨师所使用的烹调设备和各种食品的处理都要考虑得准确无误。有些菜有多个烹调程序，每做完一个就要传到另一个设备上处理，这样厨师加工一个菜就要来回走，如果厨师多，说不定还会出现"大塞车"情况。更别说有些汤菜或铁板烧、火锅类的被碰到了出现的危险。怎样保证厨师的工作路线既畅通无阻又减少重复性劳动呢？比较好的办法是：按食品的不同烹调法和食品的处理方法来设置几个工作区。

　　食品的烹调类别有炉上煮，炉子里烤，炉上炸和炒。食品的处理方法有：整形、切配、拌和、调料。下面从中餐厨房和西餐厨房来规划具体的工作区。

　　依照西餐的食品特点可以把厨房分为汤类组、蔬菜组和主菜组、甜点组、三明治组等几个工作中心。中餐厨房可分热炒组、面点组、加工切配组。面点组一般要有独立的面积，最好还应有独立的炉灶。设备的位置也要安排合理，有些小型厨房可能是几个工作中心合用某些设备，比如：面包师要与热菜师合用蒸炉和烤炉。这些公用的设备则应放在几个工作中心共同使用的地方，或设备能够移动。

　　另外，一个重要的工作中心要避免设置柱、墙或其他高的设备障碍。这些障碍不利于各工作中心的信息联络和协调操作。在餐饮服务区和工作中心还应限定一个自由通行的区域，尽量不必让服务人员走进厨房。同时，工作中心不宜设成太长的直线形，因为太长的直线形会导致工作人员操作或取原料时跨区、走很长的距离，从而影响烹调效果，浪费了时间。而厨师常用的炊具应放在离烹调区、洗涤区和经常使用的原料存放处不远的地方，这样可方便操作、节省时间。

　　（3）冷菜区。首先应注意：冷菜的制作须有独立的工作间。冷菜间的原料来自于第一工作区（蔬菜）冰箱、半成品贮存区及直接采购验收处。冷菜间一般制作各种冷盆，有的厨房的冷菜间还负责沙拉、水果、饮料和三明治的制作。

　　冷菜间需要工作台、水池、冰箱、紫外线消毒灯和空调。饮料应放在厨房出口处，最好有专人负责。西餐厨房的冷菜间还设面包加热器，甜点贮备柜及其他熟食贮存器。

　　（4）清洁卫生区。餐具和炊具使用后都要集中到一个地方洗涤，为此，厨房里应规划一个清洁卫生区。清洁卫生区里应有脏碗接收台、垃圾存放处、洗碗机、双槽水池、清洁剂和洗涤工具存放处及清洁碗具的存放处。为了减少服务人员到洗涤处的距离、方便服务人员的工作，餐具洗涤处应设在接近服务台的地方。同时，餐具洗涤处和清洁碗具的存放处应离得非常近，以便于存放。

　　此外，由于炊具比较油腻难洗，炊具和餐具要分开洗涤，厨房应设有专门的炊具洗涤处，洗涤锅、铲子、勺子等炊具，洗涤处当然应设有水池，而且水池附近要有放置炊具的架子。炊具是厨师工作时使用的工具，因此应注意炊具洗涤处要接近烹调区。

　　（5）食品备餐区。设置食品备餐区要以减少食品烹调后的放置时间为原则。也就是要求备餐区内的菜尽量早些送到顾客的餐桌上。因此，备餐区应该接近生产区和服务区，使食品烹调后能立即送到出菜的备餐区，再送到顾客的就餐区。生产区和服务区之间是服务员送菜的路线，这条路线需自由通行，不得有障碍物堵塞。而且厨房的进口和出口要分开，尽量少些角落和拐弯的地方。另外还需注意：备餐区的器具和设备表面不宜太烫，否则会减慢服务速度。

（五）厨房规划布局具体要求

1. 内部环境明亮通透

在人们以往的印象中，厨房是一个又湿又暗的工作间，在那里工作的人不单是脚穿防水鞋，还要忍受呛人的油烟味。而现代餐饮的厨房环境则要求厨房内要有明亮的光线和新鲜的空气，这将会大大提高工作人员的工作效率，同时也是厨房工作安全的基本保证。光线对人的眼睛有很大的影响，合适的照明有助于减少眼睛疲劳，并能使食品产生令人满意的颜色。空气循环流通则影响着厨房工作人员的身体健康和厨房内的设备安全。

要求厨房的光线明亮并不是说让厨房内的光线看上去像室外一样亮堂，而是设置工作区的照明需考虑光线照射的方向、光的颜色、扩散度、稳定性和强度。

首先要注意的是，光源的位置要使工作区无阴影和不过度明亮。有阴影会妨碍厨师的工作，过度明亮会破坏厨房内菜肴应有的美感。产生阴影的原因主要与光源安装的位置有关，如果光源安装在与工作区平行或工作人员站立处的上方，就会投下阴影，这种安排是最不科学的，对工作人员的眼睛有很大的刺伤。遇到这种情况要适当地遮挡或调换光源的角度。需要注意的是工作区和周围的光线差别不能大于 3：1。

厨房要想取得良好的效果，还要考虑所使用的照明灯对食物的影响。荧光灯比电灯效果要好一些，能使食品产生满意颜色的荧光灯有：冷黄色、暖白色和冷白色。有些荧光灯会改变和覆盖食品的固有颜色，有的荧光灯则不能准确地传递某种颜色，从而使食品饮料失色或产生假色。此外，为了防止电灯或线路发生故障，厨房最好要预备两个灯泡或调节电流，绝对不能出现电灯忽明忽暗的现象。

了解了灯光对食品的影响后，餐饮经营者就可以更好地选择各色的荧光灯。同时还应注意不同工作使用的灯光的强弱。比如：食品精加工需要 5～35 烛光，厨房普通工作需要 30 烛光，食品检验需要 50 烛光等，应避免过亮的光线。不管使用什么样的灯光，灯上都需装有保护罩。

光线的反射和吸引作用也会影响厨房内的光线，为此，在设置厨房周围的颜色时也需考虑其对灯光颜色的作用。前面我们已说过光线比例的问题，在这里也可以说成色差，不能使周围的颜色与食品的颜色差别太大。比如墙的颜色，如果墙的颜色与厨房内灯光的颜色对比明显，工作人员的眼睛就很容易疲劳。减少这种色差的技巧是：可以在明亮的工作区选用灰色和绿色墙，减轻工作人员的眼睛疲劳。

从位置、颜色、强弱上选择好了照明灯，已大体上设置好了厨房的光线。为了让厨房既美观又实用，厨房的空气状况就是另一件大事。

厨房内炊具和炒菜时散发的热量与气味如果不及时排出，整个厨房内可能就会变得"硝烟滚滚"，那厨师还怎么正常地操作呢？因此，良好的通风是十分重要的。一般来说，空气交换速度要求每 2～5 分钟一次，这样才能保证空气流通和热量的排除。这就要求厨房内的结构要能自然通风。比如：门窗上装纱窗或空气帘。除了自然通风外，还应安装相应的通风设备，比如在炉灶上方适当的位置设置排气罩，这是排除烟气、热量、蒸汽的必要条件。还应设些风扇，但转速不能过度强烈，更不能正对着工作人员背后，应朝工作人员正面吹过来。同时，抽烟罩要定期清理，以防火灾。

总之，系统地考虑了厨房的光线和空气的方方面面，厨房内部的环境才会显得明亮通透。

2. 作业各区　井井有条

怎样把众多的设备摆放得井井有条，便于操作，又能充分发挥设施的功能？这首先要参考餐厅的整体规模、类型、特点及预测日后的客流量。

确定了厨房的面积才有依据来考虑厨房各作业区的分布。一般说来，厨房的最大面积长不得超过18.3米，宽不能小于27.4米。厨房的大小决定食品加工中心的数量，而食品加工中心的数量则取决于：加工食品的数量和种类、餐厅菜单的类别和服务性质、烹调和服务的方法及员工的组织状况。为了把握具体所需的作业区，还需对设备和操作范围进行分类，从操作方便的角度把不同的设备按一定的形状摆放在一起构成各个工作中心。这样可以布局成五种类型：直线形、平行线形、四方形、L形、U形。选择每种类型的布局时注意扬长避短，直线形是种不太理想的布局，它会使工作区过长，影响工作，采用这种类型往往是由于整个室内结构所迫，而对小型餐厅的影响稍微小些。大多数厨房用的是L型、U型和直线形的混合形布局。这样的布局使整个流程紧凑合理，原料从入口处到烹调完送到出菜台都不需要服务人员进入厨房，同时还可以使服务人员统筹兼顾，遇到眼前的事随手就可以做。混合型布局可以灵活组合运用，只要安排的通道宽敞、各工作区间尽可能地没有干扰、厨师和服务人员操作方便就是理想的布局。只不过不同的经营特点和规模的餐厅厨房的布局因各自的需要设置的类型带着各自的相对标准。

厨房布局的最终目的是要让厨师在良好环境下做出味美色香的菜肴。因此，保持食品应有的价值是一项非常重要的工作。

厨房内的温度和湿度要有一定的设备来控制。就像冰冻的菜和热菜所需的温度不同一样，不同的食品也有不同的最佳存放温度。了解这些可以减少不必要的浪费。

新鲜的蔬菜和水果就不能和熟食放在一起，因为各自所需的温度不同，蔬菜和水果需要一定的温度来保持水分，而熟食最重要的是防止变质。同时各自的气味不同，还会因此改变各自的保存质量。比如把面包和蒸肉放在一起，再拿出面包时就会发现还带着些许蒸肉味，这样的味道只会让人倒胃口。

例：张老板请的厨房部主管，乡下陋习较多，厨房进的肉、菜、果、干货、酱料等物，混杂堆在厨房一角，常常在舀酱油时洒在萝卜、冬菇等原料上，烹调出来的菜品有一股异味，使客人倒胃口；青菜也因堆放，沤得发黄，做出的白灼时蔬似腌非腌味，令人莫名其妙。幸好张老板细心，找出了原因，随即责成厨部搞了几排铁支架，将果、蔬、干货、海味、调味料等一应杂货，分区安放。调整之后，口味习钻的客人，对该餐馆的白灼牛百叶、上汤煨时蔬等大众化菜式赞不绝口，一批街坊又回到餐馆来就餐了。

有些食品冷藏的效果远远不及放在室温下，有的甚至加速食品的变质。这是什么呢？因盲目地冷藏食品来保鲜违背了食品贮存的最佳温度和最佳湿度原则。这和万事万物都只适合其各自的生长环境是一个道理。

使用塑料袋包装好蔬菜和水果可以防止干燥。储存新鲜蔬菜、水果的最佳温度和湿度一般分为三种类型：

以0℃的温度和80%的湿度储存的蔬菜有：豆角、大蒜、菠菜、菜花、卷心菜、芦笋、生菜、甜菜、胡萝卜、蘑菇、玉米、笋等，以0℃的温度和80%的湿度储存的水果有：橙、桃、梅、枣、苹果、草莓、梨等。

以10℃的温度和80%～85%的湿度储存的蔬菜有：青豆、西葫芦、洋葱、南瓜、山芋、青椒、茄子、西红柿、土豆；以10℃的温度和80%～85%的湿度储存的水果类有：芒果、木瓜、鳄梨、葡萄、瓜、菠萝、橄榄、柠檬、酸橙等。

除上述两种外，还有一些蔬菜水果需在特殊条件下存放，例如：需要放熟的香蕉所需的温度一般为12℃～20℃，相对湿度为90%～95%；需放熟的梨所需的温度为15.6℃～18.3℃，所需的相对湿度为85%～95%；熟香蕉存放时所需的温度为12℃～16℃，所需的相对湿度为75%～90%；青西红柿放熟所需的温度为13℃～21℃，相对湿度为85%～90%。

以上只是简单地提到的三种情况，由于南北地区气温差别以及不同餐馆的具体条件各有不同，所以更多时候要视具体情况而定。

餐厅厨房的布局见图3-7。

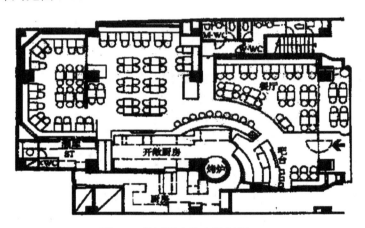

图3-7　餐厅厨房的布局例图

四、技能实战训练

各小组准备好所需工具，按照讲授课程的要求，为自己所在的餐饮企业科学设计餐厅厨房的布局图，并能提出其他小组的优缺点。

项目四

宴会设计

模块一　宴会台形设计

宴会台形设计就是将宴会所用的餐桌按一定要求排列组成的各种格局。总体要求：突出主台，主台应置于显著位置；呈一定的几何图形，餐台的排列应整齐有序；间隔适当，既方便来宾就餐，又便于席间服务；留出主行道，便于主要宾客入座。

任务一　中式宴会台形设计

一、学习任务说明

学习目标

★知识目标：（1）掌握中式宴会台形设计的基本类型。

　　　　　　（2）掌握中式宴会台形设计的要求。

★技能目标：能够独立设计不同类型中式宴会台形图。

★素质目标：培养创新能力、团队合作能力以及综合素质能力。

学习结果

对该内容的学习，要求学员能够独立或在讨论之后，根据宴会主题需要，能够设计相应的宴会台形图，最好能够进行场地实际操作布置。

重点及难点

教学重点：中式宴会不同类型台形设计。

教学难点：中式宴会不同类型台形设计注意事项。

二、课前准备

（1）物品准备：教学视频、笔、纸。

（2）场地准备：餐饮实训室、多媒体教室。

（3）分组安排：每组4～5人，选出一名组长。

三、相关理论知识

（一）多个单位举办宴会的台形设计

多个单位举办宴会，餐台安排一般自成一个单位，如果在一个餐厅同时有两家或多家单位或个人所订酒席，应以屏风隔开，以避免相互干扰和出现服务差错。餐台排列方法：两桌可横或竖平行排列；四桌可排列成菱形或四方形；多桌，可以排列成方格形。

（二）独家举办宴会的台形设计

独家举行宴会，一般在专厅举行，特别注意突出主台，主台安排在面对正门的餐厅上方，面向众席，背向厅壁纵观全厅。根据桌数不同，可参考以下台形设计：

（1）三桌可排成"品"字形或竖一字形，餐厅上方一桌为主台。

（2）四桌排成菱形，餐厅上方一桌为主台（见图4-1）。

（3）五桌的排成"立"字形，上方一桌为主台（见图4-2）。

图4-1　四桌排列呈菱形　　　　　　　　图4-2　五桌排列呈"立"字形

（4）六桌排成"金"字形或梅花形，顶尖一桌为主台（见图4-3）

（a）呈"金"字形　　　　　　　　　（b）呈梅花形

图4-3　六桌排列图

（5）大型宴会席桌排列，其主台可参照"王"字形，其他席桌则根据宴会厅的具体情况排列成方格形（见图4-4）；也可将主台摆在中间，将其他席桌围绕主台排列。例如，"梅花席""三梅吐艳"就运用此法。

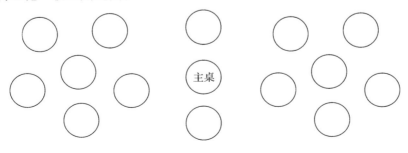

图4-4　多桌排列呈"王"字形

（三）中餐宴会台形布置注意事项

（1）中餐宴会大多数用圆台，十分强调主桌位置，主桌在面向餐厅主门，能够纵观全厅的位置上。其他餐台座椅摆法、背向要以主桌为准。

（2）中餐宴会不仅强调突出主桌的位置，还十分注意对主桌进行装饰，主桌的台布、餐椅、餐具、花草等，也与其他餐桌有所区别。

（3）要有针对性地选择台面。一般直径 150 cm，每桌坐 8 人左右；180 cm，每桌坐 10 人左右；200 ~ 220 cm，坐 12 ~ 14 人；特大圆台，20 人左右；直径超过 180 cm，应安放转台。不宜放转台的特大圆台，可在桌中间铺设鲜花。

（4）摆餐椅时要留出服务员分菜位，其他餐位距离相等。

（5）重要宴席或高级宴席要设分菜服务台。

（6）大型宴会除了主桌外，所有桌子都应编号，号码架放在桌上，使客人从餐厅入口处就能看到。画座位图，主人可依此安排座位。要设置额外客人座位，一般预留 10% 的座位。

（7）餐台排列根据餐厅的形状和大小及赴宴人数的多少来安排，桌与桌之间的距离以方便穿行来上菜、斟酒、换盘为宜。一般桌与桌之间的距离不低于 2 m。整个宴会餐桌布局整齐划一，做到：桌布一条线，桌腿一条线，花瓶一条线，主桌主位能互相照应；如举办者只举办两桌宴会，台形应将主桌放在里面，尽量靠近壁画（见图 4-5）。

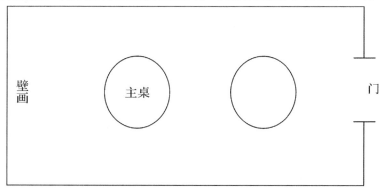

图4-5　主桌靠近壁画

如是 3 桌、5 桌或 10 桌宴会，除突出主桌之外，主桌一定要对着通道大门（见图 4-6）。

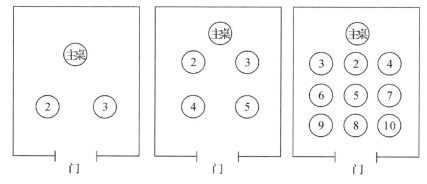

图4-6　主桌对通道大门

（8）多台宴会设计时要根据宴会厅的大小，即方厅、长厅等或根据主人的要求进行设计，设计要新颖、美观大方。通常设主宾讲话台、吧台、礼品台、贵宾休息室等视宴会厅情况灵活安排（见图4-7）。

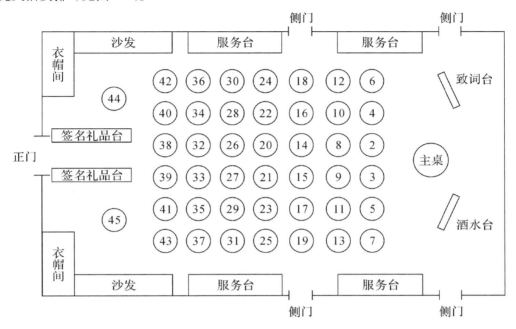

图4-7　多台中餐宴会台形设计

四、技能实战训练

各小组准备好所需工具，按照讲授课程的要求，对所学内容进行相应的台形设计。

任务二　西式宴会台形设计

一、学习任务说明

学习目标

★知识目标：（1）掌握西式宴会台形设计的基本类型。
　　　　　　（2）掌握冷餐会台形设计的要求。
★技能目标：能够独立设计不同类型西式宴会台形图。
★素质目标：培养创新能力、团队合作能力以及综合素质能力。

学习结果

对该内容的学习，要求学员能够独立或在讨论之后，根据宴会主题需要，能够设计相应的宴会台形图，最好能够进行场地实际操作布置。

重点及难点

教学重点：西式宴会不同类型台形设计。

教学难点：冷餐会等宴会的型台形设计要求。

二、课前准备

（1）物品准备：教学视频、笔、纸。

（2）场地准备：餐饮实训室、多媒体教室。

（3）分组安排：每组 4～5 人，选出一名组长。

三、相关理论知识

（一）西式宴会台形

西餐台形设计有：直长台面、横长台面；"T"形台面；"工"字形台面；半圆形台面；"M"形台面。

西式宴会台形一般用小方台拼接而成，20 人左右可用横长台面或"T"字形台面；40 人左右可用"直长台面"或"N"形台面；60 人可用"M"形台面（见图 4-8）。

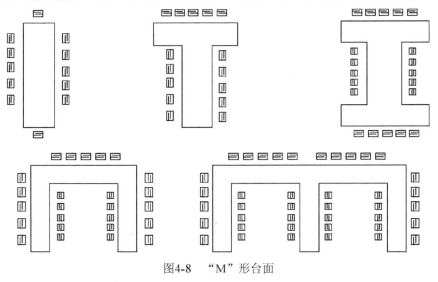

图4-8 "M"形台面

（二）冷餐酒会台形设计

1. 不设座冷餐酒会

不设座冷餐酒会的布置，应根据出席人数、菜点多少，把长桌置于厅室中间；也可在厅室四周，摆设若干组菜点、餐具。通常 15～25 人设一组菜，在菜点的四周或侧面布置小圆桌或小方桌，周围设若干组酒水台，厅室四周摆上少量椅子，供女宾和年老体弱者使用。

不设座冷餐酒会通常不设主宾席，如需要设主宾席，可在厅室的上方摆上沙发或扶手椅，每三个沙发或扶手椅前摆放一个大茶几，供摆茶点和用餐。也可摆大圆桌或长条桌作为宾主席（见图 4-9）。

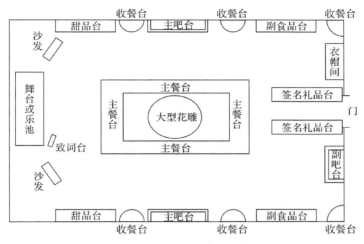

图4-9　不设座式冷餐酒会

2.设座冷餐酒会

设座冷餐酒会的台形有两种形式。一种是用小圆桌就餐，每张桌边置6把椅子。在厅内布置若干张餐台。另一种是用10人桌，摆10把椅子，将菜点和餐具按中餐宴会的形式摆在餐桌上。也可根据出席人数用12～24人大圆桌或长条桌进行布置。无论何种台面，餐台均摆放在宴会厅四周，并在一角设置酒吧（见图4-10）。

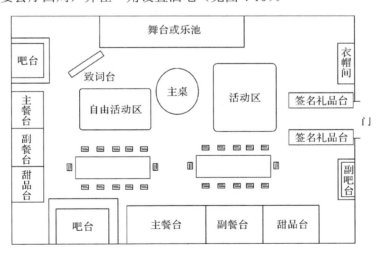

图4-10　设座式冷餐酒会

四、实战训练

各小组准备好所需工具，按照讲授课程的要求，对所学内容进行相应的台形设计。

模块二　宴会台面设计

任务一　宴会摆台基本要求

一、学习任务说明

学习目标

★知识目标：（1）掌握中式宴会（10人）摆台的餐用具及摆台标准。

　　　　　　（2）掌握西式宴会（6人）摆台的餐用具及摆台标准。

★技能目标：能够按规定时间独立完成中式或西式宴会摆台工作。

★素质目标：培养创新能力、团队合作能力以及综合素质能力。

学习结果

通过对该内容的学习，要求学员能够按规定标准、规定时间，独立完成中式或西式宴会台面摆台工作。

重点及难点

教学重点：中、西式宴会摆台所需餐用具及摆台标准。

教学难点：中、西式宴会摆台操作流程。

二、课前准备

（1）物品准备：教学视频、中西餐宴会摆台所需餐用具及用品。

（2）场地准备：餐饮实训室、多媒体教室。

（3）分组安排：每组4～5人，选出一名组长。

三、相关理论知识

根据宴会举办的国别不同，我们经常将宴会摆台分为中式宴会摆台和西式宴会摆台。

（一）中式宴会摆台

中式宴会摆台主要针对中餐宴会台形设计的摆台，一般按照中式宴会10人餐台的标准进行。依据近几年中国旅游协会组织的全国旅游院校服务技能（饭店服务）大赛与中国教育部组织的有关全国职业院校技能大赛（中餐主题宴会设计大赛）等赛事，对中式宴会摆台的内容与标准进行介绍。

1. 中式宴会摆台所需餐用具及规格

中餐宴会标准 10 人餐台（高度为 75 cm，直径 180 cm）；餐椅；工作台（备消毒巾）；防滑托盘（直径 35 cm）；台布（淡黄色，边长 2.2 m 的正方形桌布）；桌裙或装饰布（墨绿色，直径 3.2 米）；餐巾（白色，50 cm×50 cm）；餐碟（白色，7 寸）；味碟、汤勺、口汤碗、长柄勺、筷子、筷架、牙签；水杯、葡萄酒杯、白酒杯；桌号牌（1 个）；公用餐具（2 套）。

2. 中式宴会摆台规程

（1）铺台布。

采用抖铺式、推拉式或撒网式铺设，要求一次完成；台布定位准确，十字居中，凸缝向上并朝向正副主人位，四周下垂均等，台面平整。

（2）布置桌裙或装饰布。

桌裙长短合适，围折平整或装饰布平整，四角下垂均等。

（3）餐椅定位。

从主宾位开始拉椅定位，座位中心与餐碟中心对齐，餐椅之间距离均等，餐椅座面边缘距台布下垂部分 1.5 cm。

（4）餐碟定位。

一次性定位，碟间距离均等，餐碟标志对正，相对餐碟与餐桌中心点三点一线；餐碟距桌沿约 1.5 cm；拿碟手法正确（手拿餐碟边缘部分）、卫生。

（5）摆放味碟、汤碗、汤勺。

味碟位于餐碟正上方，相距 1 cm；汤碗摆放在味碟左侧 1 cm 处，与味碟在一条直线上，汤勺放置于汤碗中，勺把朝左，与餐碟平行。

（6）摆放筷架、筷子、长柄勺、牙签。

筷架摆在餐碟右边，与味碟在一条直线上；筷子、长柄勺搁摆在筷架上，长柄勺距餐碟 3 cm，筷尾距餐桌沿 1.5 cm；筷套正面朝上；牙签位于长柄勺和筷子之间，牙签套正面朝上，底部与长柄勺齐平。

（7）摆放葡萄酒杯、白酒杯、水杯。

葡萄酒杯摆放在味碟正上方 2 cm 处；白酒杯摆在葡萄酒杯的右侧，水杯位于葡萄酒杯左侧，杯肚间隔 1 cm，三杯成斜直线，向右与水平线呈 30°角（如果折的是杯花，水杯待餐巾花折好后一起摆上桌）；摆杯手法正确（手拿杯柄或中下部）、卫生。

（8）餐巾折花。

花型突出主位，符合主题、整体协调；折叠手法正确、卫生，一次性成形，花型逼真、美观大方。

（9）摆放公用餐具。

公用餐具摆放在正副主人的正上方；按先筷后勺顺序将筷、勺搁在公用筷架上（设两套），公用筷架与正副主人位水杯间距 1 cm，筷子末端及勺柄向右。

（10）摆放菜单、花瓶（花篮或其他装饰物）和桌号牌。

花瓶（花篮或其他装饰物）摆在台面正中，造型精美、符合主题要求；菜单摆放在筷子架右侧，位置一致（两个菜单则分别摆放在正副主人的筷子架右侧）；桌号牌摆放在花瓶（花篮或其他装饰物）正前方、面对副主人位。

（11）综合印象要求。

台面设计主题明确，布置符合主题要求，餐具颜色、规格协调统一，便于使用，整体美观、具有强烈艺术美感，操作过程中动作规范、娴熟、敏捷、声轻，姿态优美，能体现岗位气质。

3. 中式宴会摆台示意图

（1）中餐宴会摆台个人席位餐具摆放示意图见图4-11。

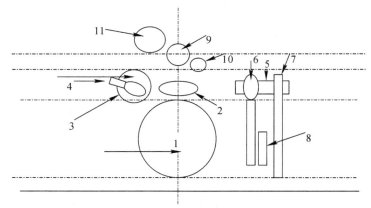

1—餐碟；2—味碟；3—汤碗；4—汤勺；5—筷架；6—长柄勺；
7—筷子及筷套；8—牙签；9—葡萄酒杯；10—白酒杯；11—水杯

图4-11　中餐宴会摆台个人席位餐具摆放

位置说明：1 与桌边沿距离 1.5 cm；1 与 2 之间距离 1 cm；2 与 3 之间距离 1 cm；6 与 1 之间距离 3 cm；7 与桌边沿距离 1.5 cm；9 与 2 之间距离 2 cm；9、10、11 杯肚之间距离各为 1 cm，三杯向右倾斜成一条直线，呈 30°角。

（2）中餐宴会摆台公用餐具及用具摆放示意图，见图4-12。

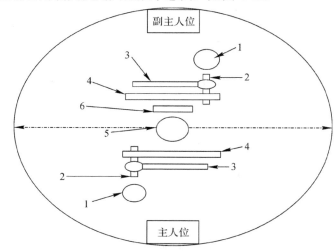

1—水杯；2—公筷架；3—公勺；4—公筷；5—花瓶；6—桌号牌

图4-12　中餐宴会摆台公用餐具及用具摆放

位置说明：1 与 2 之间距离为 1 厘米；5 居桌面正中央；6 位于 5 前，面对副主人位。

（二）西式宴会摆台

西式宴会摆台主要针对西餐宴会台形设计的摆台，一般按照西式宴会 6 人餐台的标准进行。依据近几年中国旅游协会组织的全国旅游院校服务技能（饭店服务）大赛与中国教育部组织的有关全国职业院校技能大赛（西餐主题宴会设计大赛）等赛事，对西式宴会摆台的内容与标准进行介绍。

1. 西式宴会摆台所需餐用具及规格

西餐长台（长 240 cm× 宽 120 cm，高度为 75 cm）；西餐椅（6 把）；工作台；防滑托盘（2 个，含装饰盘垫或防滑盘垫）；台布（2 块）：200 cm×165 cm；餐巾（6 块，可加带装饰物）：56 cm×56 cm；装饰盘（6 只）：7.2 ～ 10 寸；面包盘（6 只）：4.5 ～ 6 寸；黄油碟（6 只）：1.8 ～ 3.5 寸；主菜刀（肉排刀）、鱼刀、开胃品刀、汤勺、甜品勺、黄油刀（各 6 把）；主菜叉（肉叉）、鱼叉、开胃品叉、甜品叉（各 6 把）；水杯、红葡萄酒杯、白葡萄酒杯（各 6 个）；花瓶、花坛或其他装饰物（1 个）；烛台（2 座）；盐瓶、胡椒瓶（各 2 个）；牙签盅（2 个）。

2. 西餐宴会摆台规程

（1）铺台布。

台布中凸线向上，两块台布中凸线对齐；两块台布面重叠 5 cm；主人位方向台布交叠在副主人位方向台布上；台布四边下垂均等；铺设操作最多四次整理成形。

（2）席椅定位。

摆设操作从席椅正后方进行；从主人位开始按顺时针方向摆设；席椅之间距离基本相等，相对席椅的椅背中心对准，席椅边沿与下垂台布相距 1 cm。

（3）摆放装饰盘。

从主人位开始顺时针方向摆设；盘边距离桌边 1 cm；装饰盘中心与餐位中心对准，盘与盘之间距离均等；手持盘沿右侧操作。

（4）摆放刀、叉、勺。

刀、勺、叉摆放按照左叉右刀，由内向外规则摆放；装饰盘右侧从内向外摆放主菜刀（肉排刀）、鱼刀、汤勺、开胃品刀，刀口朝向装饰盘，汤勺面向上，各个刀把之间距离为 0.5 cm，刀把、勺把与桌边沿的距离除鱼刀为 5 cm 之外，其余均为 1 cm；装饰盘左侧从内向外摆放主菜叉（肉叉）、鱼叉、开胃品叉，叉面向上，叉把与刀把平行，各个叉把之间距离为 0.5 cm，叉把与桌边沿的距离除鱼叉为 5 cm 之外，其余均为 1 cm；装饰盘正上方依次摆放甜品叉、甜品勺，勺把向右，叉把向左；甜品叉与装饰盘之间距离为 1 cm，甜品叉与甜品勺之间距离为 0.5 cm。

（5）摆放面包盘、黄油刀、黄油碟。

摆放顺序为面包盘、黄油刀、黄油盘；面包盘盘边距开胃品叉 1 cm，面包盘中心与装饰盘中心对齐；黄油刀置于面包盘右侧边沿 1/3 处，刀刃向面包盘中心；黄油碟摆放在黄油刀尖正上方，相距 3 cm，黄油碟左侧边沿与面包盘中心成直线。

（6）摆放杯具。

摆放顺序从右到左为：白葡萄酒杯、红葡萄酒杯、水杯（白葡萄酒杯摆在开胃品刀的正上方，杯底中心在开胃品刀的中心线上，杯底距开胃品刀尖 2 cm）；三杯成斜直线，向右与水平线呈 45°角，各杯身之间相距约 1 cm；操作时手持杯中下部或颈部。

（7）摆放花瓶（花坛或其他装饰物）。

花瓶（花坛或其他装饰物）置于餐桌中央和台布中线上，花瓶（花坛或其他装饰物）的高度不超过 30 cm。

（8）摆放烛台。

烛台与花瓶（花坛或其他装饰物）相距 20 cm，烛台底座中心压台布中凸线，两个烛台方向一致，并与杯具所呈直线平行。

（9）摆放牙签盅、椒盐瓶。

牙签盅与烛台相距 10 cm，牙签盅中心压在台布中凸线上；椒盐瓶与牙签盅相距 2 cm，椒盐瓶两瓶间距 1 cm，左椒右盐，椒盐瓶间距中心对准台布中凸线。

（10）餐巾折花。

在装饰盘上褶，在盘中摆放一致，左右呈一条线，造型美观、大小一致，突出正副主人。

（11）倒水及斟酒。

为三位客人斟倒酒水（其中餐台长边 2 人，短边 1 人），口布包瓶，酒标朝向客人，在客人右侧服务；倒水及斟酒的顺序为：水、白葡萄酒、红葡萄酒。斟倒酒水的量：水 4/5 杯，白葡萄酒 2/3 杯，红葡萄酒 1/2 杯。

（12）综合印象要求。

台席中心美化新颖、主题灵活，布件颜色协调、美观，整体设计高雅、华贵，操作过程中动作规范、娴熟、敏捷、声轻，姿态优美，能体现岗位气质。

3. 西式宴会摆台示意图。

（1）西餐宴会摆台个人席位餐具摆放示意图，见图4-13。

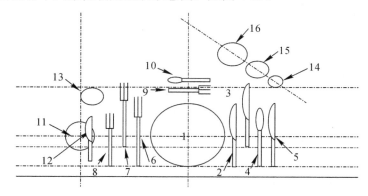

1—装饰盘；2—主菜刀；3—鱼刀；4—汤勺；5—开胃品刀；6—主菜叉；7—鱼叉；8—开胃品叉；

9—甜品叉；10—甜品勺；11—面包盘；12—黄油刀；13—黄油碟；14—白葡萄酒杯；

15—红葡萄酒杯；16—水杯

图4-13 西餐宴会摆台个人席位餐具摆放

西式宴会摆台位置说明：1 与桌边沿距离 1 cm；2、3、4、5 之间距离 0.5 cm，除了 3 与桌边沿距离是 5 cm 外，其余 2、4、5 距离为 1 cm；6、7、8 之间距离为 0.5 cm，除了 7 与桌边沿距离为 5 cm 外，其余 6、8 距离为 1 cm；9 与 10 之间距离为 0.5 cm，9 与 1 的距离为 1 cm；11 与 8 的距离为 1 cm；12 与 13 的距离为 3 cm；14 与 5 的距离为 2 cm；14、15、16 之间距离为 1 cm，且与水平面向右呈 45°角一条直线。

（2）西餐宴会摆台公用餐具及用具示意图，见图4-14。

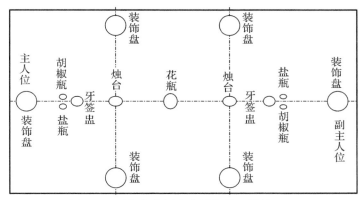

图4-14 西餐宴会摆台公用餐具及用具

位置说明：花瓶摆放在餐台最中央，高度不超过 30 cm；烛台位于台布中线上，与花瓶距离为 20 cm；牙签盅也位于台布中线上，与烛台的距离为 10 cm；椒盐瓶位于台布中线两侧，对称摆放，左椒右盐，两者间距离为 1 cm，与牙签盅的距离为 2 cm。

四、技能实战训练

各小组准备好所需工具，按照讲授课程的要求，对所学内容进行相应摆台练习，要求按照分组进行。练习到一定程度之后，可以开展组与组之间的比赛，以达到更好的学习效果。

任务二　宴会台面的种类和设计要求

一、学习任务说明

学习目标

★知识目标：（1）掌握宴会台面的类型；

（2）掌握宴会台面的设计原则；

（3）掌握花台设计的步骤及注意事项；

（4）掌握主题宴会台面的设计。

★技能目标：要求学员能够设计不同类型的台面及花台。

★素质目标：培养创新能力、团队合作能力以及综合素质能力。

学习结果

通过对该内容的学习，要求学员能够理解、设计不同类型的宴会台面，最好能够亲自或者团队形式设计制作一个台面作品。

重点及难点

教学重点：宴会台面的类型及设计原则，主题宴会台面设计。

教学难点：宴会台面的设计及制作，花台的制作等。

二、课前准备

（1）物品准备：教学视频、主题宴会设计所学用品。

（2）场地准备：餐饮实训室、多媒体教室。

（3）分组安排：每组 4 ～ 5 人，选出一名组长。

三、相关理论知识

（一）宴会台面的种类及命名方法

1. 按餐饮风格分

（1）中餐宴会台面。

中餐宴会台面以圆桌台面为主，餐具一般包括筷子、汤匙、骨碟、搁碟、味碟、口汤碟和各种酒杯；台面装饰中国传统吉祥图饰，如鸳鸯、喜鹊等，一般 10 个台位，蕴藏着"十全十美"之意。

（2）西餐宴会台面。

西餐宴会常见的台面有直长台面、横长台面、"T"形台面、"工"字形台面、半圆形台面和"M"形台面等，餐具一般包括各种餐刀、餐叉、餐勺、菜盘、面包盘和各种酒杯。

（3）中西混合宴会台面。

中西混合宴会台面可用中餐宴会的圆台和西餐的各种台面，其餐宴用餐一般用中餐的筷子和西餐的刀叉。进餐方式以分餐形式为主，台面装饰造型采取中西合璧的形式。

2. 按台面用途分

按台面的用途划分为餐台、看台和花台。

（1）餐台。

餐台也叫素台，餐饮行业称正摆式。台面餐具摆放依据就餐人数多少、菜单编排和宴会标准配备，多适用于中档宴会。

（2）看台。

看台又称观赏台，是指根据宴会的性质、内容，用各种小件餐具、小件物品和装饰物品摆设成各种图案，供宾客在就餐前观赏的台面。开餐时，撤去装饰物品，再把小件餐具分给各位宾客。适用于民间宴会和风味宴席。

（3）花台。

花台又称餐桌艺术台面，就是指用鲜花、绢花、盆景、花篮，以及各种工艺美术品和雕刻物品等点缀构成各种新颖、别致、得体的台面。花台设计要符合宴席的内容，突出宴会主题，融艺术性和实用性于一体。其多用于中、高档宴会。

3. 台面命名的方法

大多数台面都拥有一个别致而典雅的名字，这便是台面的命名。只有给宴会台面恰当的命名，才能突出宴会的主题，增加宴会气氛。命名法主要有以下几种：

（1）根据台面的形状或构造命名。

根据台面的形状或构造命名是最基本的命名方法，在行业内部通用。此命名方法比较简单，其命名如中餐的圆桌台面、方桌台面、转台台面、西餐的"T"形台、"M"形台等。

（2）根据每位客人面前所摆的小件餐具的件数命名。

根据小件餐件的件数命名方法使人很容易理解台面餐具的构成，便于了解宴会的档次和规格。如五件餐具台面、七件餐具台面等。

（3）根据台面造型及其寓意命名。

根据台面造型及其寓意命名方法容易体现宴会主题，其命名如百鸟朝凤席、花好月圆宴等，具备了相应的寓意。

（4）根据宴会的头菜名称命名。

根据宴会的头菜名称命名方法使宴会工作人员很清楚所用餐具和宴会档次，命名有如全羊席、全鸭席等。

（二）宴会台面设计的原则和基本要求

（1）宴会台面设计的原则。

实用、便捷性原则；艺术性原则；礼仪、礼节性原则。

（2）宴会台面设计的基本要求。

宴会台面设计要根据不同的标准进行相应设计，应该考虑到与宴会菜单和酒水、顾客的用餐需要、民族风格和饮食习惯、宴会主题、美观实用的要求、清洁卫生的要求、时间与空间的要求相关的内容进行设计。

（三）宴会花台设计

花台是餐台中一个很特殊的类型，是用鲜花堆砌而成的具有一定艺术造型的供人观赏的台面。花台虽然不具备食台的实用性，但在高档宴会中却有着必不可少、举足轻重的作用。

首先，花台体现了宴会的档次，只有高档宴会才设花台；其次，花台体现了宴会的主题，主办方利用花台表现以展示宴会主题，给予就餐者以尊重和美的享受；再次，花台还可增加宴会气氛，比如喜庆婚宴花台，利用各式各样的鲜花，烘托出宴会的气氛。

一个成功的花台设计，就像一件艺术品，给参加宴会的宾客制造出隆重、热烈、和谐、欢快的氛围，因此花台设计在一定程度上代表了宴会的档次。下面简单介绍一下花台制作的基本程序与方法。

1. 确定主题

这是花台制作的第一步，制作一个好的花台需要事先进行构思，确定出明确的宴会主题，根据主题创作不同类型、不同风格、不同意境的花台。但是，确定花台主题要注意以下几点：不能脱离宴会的主题；要有新意；要符合宴会的具体要求。

2. 挑选所需花材

花台设计与制作的前提是挑选所需花材，可以是植物的一部分也可以是整枝植物；可以是新鲜的活的植物也可以是装饰艺术品。但是，无论选择哪种花材，都应该与花台主题相一致，另外还需考虑以下几个因素：首先，要注意各民族的不同习惯，避免使用宾客忌讳的花材。如日本人不喜欢荷花，而在我国荷花却象征"出淤泥而不染"的君子风范。法国人不喜欢黄菊花，他们认为此花是不吉利的，但是日本皇室专有贡花却是黄菊花。其次，要注意花材色彩的调配。由于不用色彩会引起不同的心理反应，因此，在选择花材时，根据宴会主题灵活掌握花卉之间的关系。比如，为了突出宴会热烈欢快的气氛，可以选用红色做主色，辅以其他色彩的鲜花，但是颜色不能太杂，一般四五种颜色为宜。除此之外，选用鲜花时还要注意青枝绿叶的衬托作用，这就是俗话所说的"红花还需绿叶配"。第三，要注意花材的质量，由于鲜花是有生命的，在制作花台时要考虑鲜花等植物的生长，如果离宴会开宴时间较长，就要选择一些生命力旺盛的或者含苞待放的鲜花，并保持其所需水分，避免使用残枝败叶或不完整的花材。

3. 合理运用插花技术

花台的制作需要具有极强的专业技能人员来完成，只有具备熟练技能的人才能够顺利完成精心构思的花台，并展现花台应有的魅力。

（1）遵守花台造型的规律。

花台的造型要有整体性、协调性，这是花台制作的最基本要求。要做到主花占主导地位，配花、枝叶居辅助地位，主花与辅花搭配进行，缺一不可。

（2）按制作步骤展开。

花台制作时，应先插主花，用主花将花台的骨架搭起来；下来再插配花，使花台显出生动丰满的造型；最后再对枝叶进行必要的点缀，使整个花台充满活力，富有韵味。

（3）利用各种辅助手法。

在花台的制作过程中，难免会遇到一些有缺陷的花材，比如枝干过短、过软，花朵未开等情况，那么就要求制作者借助一些辅助手法来弥补花材的不足。比如可以使用金属丝绑在较短花枝下方，增加其长度。花朵未开或太小，可向花朵多吹气帮助其打开。

（四）主题宴会台面设计

1. 以古今著名文化及其景观为主题的宴会设计

中华五千年文明所创造出来的文化是博大和多样的，既有儒文化、楚文化这样的大家文化，也有年文化、祈愿文化这样雅俗共赏的民间文化。那么，对这类宴会主题进行设计要选好主题，然后进行与之相符合的宴会台面、宴会菜单、宴会环境等方面设计，最后形成一个具有综合性、艺术性、实用性相结合的宴会主题。现在通过以下主题进行分析和讲解。

主题名称：弘儒盛宴

宴会主题创意说明：

该选手将餐台主题确定为弘儒盛宴，其目的是为弘扬儒家文化，专门为崇尚和热爱儒家文化的宾客而设计的。

弘儒盛宴——弘儒，谐音"鸿儒"指有学识、有品位之人（刘禹锡：《陋室铭》谈笑有鸿儒，往来无白丁），弘儒盛宴即指（鸿儒）享受的美食与精神的盛宴（见图4-15）。

图4-15

主题名称：弘儒盛宴

奖次：二等奖

选手姓名：崔馨匀

参赛单位：青岛职业技术学院

弘儒盛宴通过别出心裁的台面设计、菜单设计和氛围营造，博大精深的儒家思想与历久弥新的齐鲁美食相得益彰，将浓郁的文化与精美的珍馐演绎得淋漓尽致，使宾客在饕餮美食的同时，感受儒家文化。

宴会主题设计元素解析：

台面装饰物主要由孔子杏坛讲学、论语竹简和泥塑人物等部分组成。杏坛讲学塑像代表孔子是儒家思想的先师、精神领袖、儒家文化的开创者。论语竹简平铺在桌面上，代表孔子开辟了儒家文化的大道。泥塑人物把不同肤色的人种分布在竹简周边，象征不同人种对儒家文化的崇尚和追求，体现孔子"不分贫富，不分贵贱，不分老少，不分国籍，兼收并蓄，存教无类"的思想（见图4-16）。

图4-16

"论语"竹简由选手现场书写，体现对弘扬儒家文化的一种践行。台面装饰物展现出儒家文化影响中国社会几千年，并传播到世界各地，各国都在学习、研究中国儒家文化，在中华传统文化里汲取营养。

紫色桌裙高贵而厚重，代表传统的儒家思想富有历史积淀感；银灰色桌布，体现现代文明都市，质朴中彰显厚重。二者搭配，展示儒家文化与现代文明的融合。

书卷型口布折花彰显古代文化气息，整体上映衬烘托"弘儒盛宴"的主题，颜色与桌布相协调，形式简单大方，符合卫生要求。

筷套采用竹简样式，儒家文化之六艺礼、乐、射、御、书、数与核心思想仁、德、孝、忠分别印制在快套上，象征如家文化在世界范围的传播和辐射。

牙签套上印有红色孔子印章，增添浓郁的传统文化氛围，与筷套和谐构成一体。餐具上镶嵌金边，象征儒家文化光辉灿烂。餐具上的国花牡丹，体现民族风格。金色椅套与餐具金边、孔子塑像色彩、筷套等颜色相呼应，象征儒家文化的光辉灿烂。

菜单采用锦书样式，与整体文化的风格相协调。

主题宴会设计评价与完善意见：餐台中心艺术品稍显单薄，椅套的颜色与台布和口布的颜色不够协调。

2. 以经典文学著作与历史故事为主题

能传承至今的文学著作和历史故事都折射出了经典的文化魅力。然而，这种文化又是悠远而厚重的。如何能使这些文学和历史的经典与现代餐饮相结合，便是摆在宴会设计者们面前的课题。若能运用得好，宴会用餐便成为一种高雅的文化享受；若运用得不好，便容易落下亵渎文化的话柄，也不能给宾客留下美的感受。

主题名称：赤壁怀古

宴会主题创意说明：

该主题选用的是历史渊源深远的赤壁之战。它的诞生是基于酒店中一位爱好三国文化的客人答谢具有相同爱好的好友，而请酒店专门设计的人文主题宴（见图4-17）。

图4-17

主题名称：赤壁怀古

奖次：一等奖选手

姓名：付丽娜

参赛单位：南京旅游职业学院

赤壁之战，不仅奠定了三分天下的鼎力格局，更蕴含丰富的历史哲理。其中的"和、合、义、谊"的文化精髓，对现代人仍然有重要的借鉴意义。在赤壁之战中，孙权和刘备审时度势、和衷共济、联合抗曹，最终成就了各自的霸业。当今社会，商场亦如战场，需要运用"和合"思想，学会沟通合作，把握机遇，达到"谈笑安天下，帷幄定乾坤"的境界，暗喻主人欲与主宾展开深度合作的诚意。

宴会主题设计元素解析：

色彩的搭配温暖而和谐。台面主色调以绛红色为主，将金、黑、白穿插运用，雍容华贵而又灵动活泼，既具有沉稳大气的王者风范，又不失靓丽活跃的现代之风，华贵而不庸俗、稳重而不沉闷。

主题造景采用赤壁之战作为主要元素。青铜虎头装饰的船头，营造出水战的氛围；主人与主宾前的围棋定式，寓意宾主双方联手破局的默契之心；城楼上围栏旁立起的战鼓，双面贴有著名剪纸艺术家创作的反映"火烧赤壁"和"草船借箭"两个典故的剪纸；鼓中的灯光和剪影，有中国传统皮影艺术的韵味；艺术插花起到软化桌面工艺品的效果，同时，也反映出操作者的业务水平（见图4-18）。

图4-18

布草的考究是本桌宴会设计水准的标志之一。绛红色桌布四角绣有青龙、白虎、朱雀、玄武四方神兽纹饰，并用黑色金纹镶边。椅套的设计与桌布呼应和谐。餐巾是选用赤壁中的九位代表人物的姓氏做成的战旗，一角图案为该代表人物所使用的专用兵器，这种独具匠心的设计希望激起爱好三国文化的客人的情感共鸣。织品四周均用青铜纹中的凤鸟纹装饰连贯，处处渗透着三国元素。

宴会餐具紧扣宴会主题。骨瓷材质的装饰碟，镶嵌有青铜纹路的装饰边，既富有传统韵味，又能满足高档商务宴请的需要；口汤碗以及味碟等瓷器都渗透着浓厚的汉魏风味；筷架以及席面羹选用镀金材质，卷口龙纹的造型，配以绛红色的桌布，显得极为华贵；三杯选用了与古代酒具"爵"酷似的现代水晶器皿，既合乎题意，又体现出现代感，使整张台面华贵而不沉闷。虎符造型的席位名签，既契合主题特色，又满足现代高规格宴会礼仪的需要。

菜品的设计既考虑到成本因素的制约，又兼顾现代营养与中国饮食文化的搭配。每道菜品都有三国特色的别致名称，使菜品除基本的食用作用外，更具彰显主题的功能。

主题宴会设计评价与完善意见：

桌面所用陈设用材考究大方，符合出席宴会的上层人士的身份和高星级酒店的品质要求。餐中用品的使用，既渗透出三国文化，又考虑到现代人的用餐习惯和审美标准，这是一桌用现代人的审美来品味古代文化的视觉盛宴。整个台面的设计雍容大方，特色鲜明，用品使用细心周到，各个环节紧扣主题，又相得益彰，不失为古代文化与现代餐饮完美结合的佳作。

3. 以地域民风民俗为主题

该类宴会主题以地域民风民俗为设计根本，既能凸显地域特色，又能巧妙地找到依托创新性载体的主题。因此，是能打动人心的，也能迎合现代人的文化创新理念。

主题名称：杨凌生态民俗宴

宴会主题创意说明：

该主题宴会创意以陕西杨凌地区原生态、高科技农业发展为背景，以当地风俗民情、饮食文化为基础，以迎合大多数都市人远离城市喧嚣，崇尚返璞归真，追求自然、原生态的心理为目的而创作的一款主题宴会——杨凌生态民俗宴（见图4-19）。

图4-19

主题名称：杨凌生态民俗宴

选手姓名：赵璐

参赛单位：杨凌职业技术学院

杨凌是位于陕西关中地区的一个小镇，有着悠久的农耕历史文明，早在4000多年前，中国最早的农官——后稷，就在杨凌一带"教民稼穑，树艺五谷"，使杨凌成为中华民族农耕文明的发祥地之一。近代时期，高等农业院校及农业科研单位集聚于此，为当地的农业发展提供了技术和人才支持，并且顺势建立了"杨凌农业高新技术产业示范区"。经过多年发展，杨凌成为闻名国内外的"农科城""绿色硅谷"，一年一度的"中国杨凌农业高新科技成果博览会"就在此地举办。

由于区位优势及农业科技优势，杨凌成为陕西关中地区著名的绿色生态农业体验区之一，每年吸引成千上万的外地游客，甚至国外游客来此参观游览。结合杨凌现状设计这款生态民俗主题宴会，欢迎来自五湖四海的朋友。

宴会主题设计元素解析：

杨凌生态民俗宴主题思想是体现绿色、原生态的当地民俗风情，杨凌在高科技农业的支持下，除了相关新品种的农产品研发外，还对绿化所需树木及花草进行了改良，特别是春夏两季，处处绿树成荫、花团锦簇，俨然一个与世无争的"世外桃源"。

该主题中心装饰物由果绿色草皮、农家小院、水车以及高科技农业培植的各种蔬菜水果组成，这些元素恰如其分地代表了杨凌生态、绿色、民俗风情等特点。

台面中间摆放一张手工制作的绿色草皮，象征着地处西部干旱少雨地区的杨凌，在高新农业及相关技术的支持下，从原来一个不知名的小镇变成现今举世闻名的"农科城""绿色硅谷"，成长为一处绿树成荫、鸟语花香的绿色田园，成为都市人在闲暇之余踏青、采摘和疗养的"世外桃源"。

农家小院代表了杨凌地区主要建筑风格，在城镇化发展迅猛的今天，能够找到这样一处庭院实属不易，然而杨凌地区建筑大多数都是这样，这便是杨凌区别于大城市的最大特点，在这里能够体验农家的悠闲生活，远离都市纷繁的喧嚣，能够使人心情放松，尽情享受自然、感受自然。

院落旁边摆放了一架用一次性筷子制成的水车模型，第一层涵义是指水车在农业发展过程中是必不可少的一种灌溉工具，是杨凌成为"农科城"的具体象征；第二层涵义是指用一次性筷子做水车材料，是生态环保寓意的形象展示。

摆放在院落旁边的各种蔬菜瓜果，不仅颜色各异，而且形状大小不同，代表了杨凌"绿色硅谷""农科城"的特色。其中蔬菜瓜果都是通过高科技农业技术培育出来的，如黄色的小南瓜、形如香蕉的西葫芦、形似宝塔的"宝塔菜"以及各色"圣女果"等，这些都是农产品示范园内培植的无公害绿色食品，象征绿色、生态、健康的生活理念。

选用的布草色调、质地与宴会主题相得益彰，果绿色的台布做台底，为台面的背景颜色，在其上面铺上米白色的正方形台布，象征着杨凌从西部黄土地逐渐发展成高科技、生态农业绿洲。餐巾与果绿色底布、椅套与米白色装饰布遥相呼应，椅背上系着果绿色蝴蝶结，颜色选配和谐统一。

餐具选用耐磨度强、无毒无害的仿瓷树脂深咖啡色农家餐具，与主题中心装饰物农家小院协调统一，同时选用晶莹剔透的玻璃杯作为酒具，为宴会提升了档次；果绿色餐巾以盘花为主，点缀于台面周边，与主题颜色相映成趣。

菜单实物形态选择屏风模型，传统又有新意，而且能与农家小院主题相联系，相互配合，相互依存。菜单上菜肴的选择包括冷碟、热菜、汤类、主食以及时令水果，都是杨凌当地居民享用的农家菜肴，而且反映出杨凌地区相关的饮食文化及风格，如槐花麦饭菜、搅团荠荠菜等。总体菜单设计，外形美观，切合主题，特色鲜明，而且菜肴荤素搭配，考虑了营养价值，成本控制在合理的范围之内，适合杨凌生态民俗宴的主旨。

主题宴会设计评价与完善意见：

该主题以地域风俗为特点，主要表现了"农家乐"的主题风格，选题上符合大众消费潮流，但是，中心装饰物内容较少，表现性较低。

4. 以中西节日为主题

以节日为主题的宴会立意鲜明，设计点明确。但用节日中所暗含的文化来进行节庆类主题的设计是现代餐饮宴会的流行趋势之一。

主题名称：欢天喜地新春宴

宴会主题创意说明：

该主题设计源于春节期间的两大习俗：拜年和张贴年画。汉族拜年之风，汉代已有，唐宋之后十分盛行。随着时代的发展和人们生活水平的提高，拜年的习俗也不断增添新的内容和形式，除了沿袭以往的拜年习俗外，拜年已是春节期间家人、朋友团聚交流的重要载体，拜年的场所也从家转移到了酒店。春节期间，在酒店宴请宾客、欢聚一堂也成了现代都市人不可或缺的一项活动（见图4-20）。

图4-20

主题名称：欢天喜地新春宴

选手姓名：戴艳群

参赛单位：重庆工业职业技术学院

此宴会主题捕捉到了人们的这一需求，设计"新春宴"来契合宴会市场发展的需要。旧时我国大多数地方过年都有张贴年画的习俗，以增添春节的喜庆气氛，达到祈福消灾的目的，设计者把四川所独有的非物质文化遗产——绵竹年画作为独特的设计要素，融入到"新春宴"主题的设计中，与宴会的桌布、餐布、装饰布、椅套、餐具等宴会饰品和用具相结合，凸显"新春宴"的年味，营造宴会的文化氛围。

宴会主题设计元素解析：

布草是设计者请当地绵竹年画艺人特为"新春宴"创作绣制的专属桌布、餐布、装饰布、椅套。材质为丝、棉织品，色调选用中国喜庆的红、黄色，突出了红火、祥和的节日氛围；同时，餐巾也选择光泽感极强的红色，以达到整体的和谐统一和上下呼应；在黄色的椅套和装饰布上绣制各种寓意"福""禄""喜""童子贺岁""连年有余""吉祥如意"的绵竹年画十八副，营造出新春欢乐喜庆的气息。

餐具设计上选用传统的青花餐具，背景辅以绵竹年画艺人绘制的各种生动的绵竹年画图案，餐具设计上，选用传统的青花餐具，背景辅以绵竹年画艺人绘制的各种生动的绵竹年画图案，由青花瓷器生产厂家特别烧制而成，既突出餐具的洁净，也展现出中国元素的艺术美感。

　　宴会中心艺术品，特别制作了古朴、祥和的年画灯，灯上有"欢天喜地"四个大字和童子贺岁的年画图案，与火红的插花花艺组合，体现出春节期间亲友团聚、同庆佳节、其乐融融的热闹景象。

主题宴会设计评价与完善意见：

　　暗红色略显沉重，影响了整个台面的视觉效果；装饰植物过多，遮挡了年画灯。

　　5. 婚宴类主题

　　婚宴是宴会设计中永恒的主题。生活中的婚宴是我们最经常接触到的主题宴会，然而，随着人们生活质量和审美水平的提高，对婚宴的设计也提出了更高的要求。婚宴的设计应突破现有的低水平、滥制作、毫无设计感可言的传统思路，以现代人的思维推陈出新，用新意出奇制胜。

主题名称："喜"上"梅"梢

宴会主题创意说明：

　　灵鹊兆喜，"梅"与"眉"同音，借喜鹊登上梅花枝头，寓意"喜上眉梢""喜事临门"。古语云"梅花有四德，初生蕊为元，开花为亨，结子为利，成熟为贞"。意为梅花刚发芽即为万物更新，开花了代表事事亨通，结子了代表处处有利，成熟了代表一生圆满。梅花五瓣，是五福的象征，即"快乐、幸福、顺利、长寿、太平"（见图4-21）。

图4-21

主题名称："喜"上"梅"梢

奖次：三等奖

选手姓名：李金燕

参赛单位：闽西职业技术学院

宴会主题设计元素解析：

　　桌中装饰为一株白梅盆景，上面辅以喜鹊造型。白梅表达忠贞，灵鹊登梅报喜，仿佛欢唱一对新人海枯石烂的爱情誓言。

　　台面以烂漫紫色为底，配以高贵银灰色，紫色与银灰色形成艳灰的对比关系、烘托主题，点亮台面。筷套、牙签套选用紫色银纹图案，与主色调相呼应。

镶银边的瓷器，是为映衬台面的整体颜色，使台面更隆重和大气。菜单设计紧紧围绕主题进行。封面及封底选用紫色云纹为背景纹样，封底上设计有象征美好爱情的七夕图案，封面上采用图案画连笔字，加上独特的梅花鹊形设计，显露出喜结连理的浪漫之气，象征鹊桥连接美好姻缘，通往幸福大道。

菜品方面多选用地方特色食材，在控制多成本的前提下，注重菜式的色彩和营养搭配。为彰显喜庆主题，菜品名称皆采用喜庆、吉祥的命名方式。

主题宴会设计评价与完善意见：

该台面最大的亮点便是创意，"梅"与"眉"谐音，寓意人逢喜事，喜上眉梢，突破了传统喜宴的模式。椅套的设计可以考虑与餐台协调。

四、技能实战训练

各小组准备好所需工具，按照讲授课程的要求，分小组完成一款主题宴会台面设计，要求有主题名称、主题创意说明、主题设计元素解析等内容，有条件的话，以实物的形态展现。

项目五

酒水品鉴与调酒

模块一　酒水品鉴

任务一　白酒品鉴

一、学习任务说明

学习目标

★知识目标：（1）了解白酒的特征。

　　　　　　（2）掌握白酒的分类。

★技能目标：掌握白酒的品鉴方法。

★素质目标：培养应变能力、探索精神、团队协作的精神和语言表达能力。

学习结果

经过学习，学员能够独立、正确完成白酒的品鉴。

重点及难点

教学重点：（1）掌握白酒的特征。

　　　　　　（2）掌握白酒的分类。

教学难点：对白酒进行品鉴。

二、课前准备

（1）物品准备：教学视频、笔、纸、不同类型的白酒、白酒杯。

（2）场地准备：餐饮实训室、多媒体教室。

（3）分组安排：每组 4 ~ 5 人，选出一名组长。

三、相关理论知识

（一）白酒的定义

白酒即以高粱、玉米、大米、糯米、大麦等谷物及其他农副产品为原料，以酒曲为糖化发酵剂，经发酵蒸馏而成的高酒精度酒，一般在 30°以上。

（二）白酒的特点

我国白酒在饮料酒中，独具风格，与世界其他国家的白酒相比，我国白酒具有特殊的不可比拟的风味。酒色洁白晶莹、无色透明；香气宜人，五种香型的酒各有特色，香气馥郁、纯净、溢香好，余香不尽；口味醇厚柔绵，甘润清冽，酒体协调，回味悠久，爽口尾净、变化无穷的优美味道，给人以极大的欢愉之感。

（三）白酒的香型

我国白酒的香型，目前被国家承认的只有五种：即酱香、浓香、清香、米香和其他香型。

（1）酱香型白酒：酱香型亦称茅香型，以茅台酒为代表，属大曲酒类。其酱香突出，幽雅细致，酒体醇厚，回味悠长，清澈透明，色泽微黄。以酱香为主，略有焦香（但不能出头），香味细腻、复杂、柔顺。酯香柔雅协调，先酯后酱，酱香悠长，杯中香气经久不变，空杯留香经久不散（茅台酒有"扣杯隔日香"的说法），味大于香，苦度适中，酒度低而不变。

（2）浓香型白酒：浓香型亦称泸香型、五粮液香型，以泸州老窖特曲及五粮液为代表，属大曲酒类。其特点可用六个字、五句话来概括：六个字是香、醇、浓、绵、甜、净；五句话是窖香浓郁，清冽甘爽，绵柔醇厚，香味协调，尾净余长。浓香型白酒的种类是丰富多彩的，有的是柔香，有的是暴香，有的是落口团，有的是落口散，但其共性是：香要浓郁，入口要绵并要甜（有"无甜不成泸"的说法），进口、落口后味都应甜（不应是糖的甜），不应出现明显的苦味。浓香型酒的主体香气成分是窖香（乙酸乙酯），并有糟香或老白干香（乳酸乙酯），以及微量泥香（丁乙酸等）。窖香和糟香要协调，其中主体香（窖香）要明确，窖泥香要有，也是这种香型酒的独有风格，但不应出头，糟香味应大于香味，浓香要适宜、均衡，不能有暴香。

（3）清香型白酒：清香型亦称汾香型，以山西汾酒为代表，属大曲酒类。它入口绵，落口甜，香气清正。清香型白酒特点的标准是：清香纯正，醇甜柔和，自然协调，余味爽净。清香纯正就是主体香乙酸乙酯与乳酸乙酯搭配协调，琥珀酸的含量也很高，无杂味，亦可称酯香匀称，干净利落。总之，清香型白酒可以概括为：清、正、甜、净、长五个字，清字当头，净字到底。

（4）米香型白酒：米香型亦称蜜香型，以桂林象山牌三花酒为代表，属小曲酒类。小曲香型酒，一般以大米为原料。其典型风格是在"米酿香"及小曲香基础上，突出以乳酸乙酯、乙酸乙酯与 B- 苯乙醇为主体组成的幽雅清柔的香气。一些消费者和评酒专家认为，用蜜香表达这种综合的香气较为确切。概括为：蜜香清雅，入口柔绵，落口甘冽，回味怡畅。即米酿香明显，入口醇和，饮后微甜，尾子干净，不应有苦涩或焦糊苦味（允许微苦）。

（5）其他香型酒：其他香型也称兼香型、复香型、混合香型，属大曲酒类，此类酒大都是工艺独特，大小曲都用，发酵时间长。凡不属上述四类香型的白酒（兼有两种香型或两种以上香型的酒）均可归于此类。此酒的代表酒——国家名酒董酒、西凤酒。口感特点：绵柔、醇甜、味正、余长，其特有风格突出。

（四）白酒的分类

我国白酒在酒类当中是一大类，而且品种繁多。在这一大类中，还能分若干类别，主要有以下几种：

（1）按使用的主要原料可分为：① 粮食酒。如：高粱酒、玉米酒、大米酒等。② 瓜干酒（有的地区称红薯酒、白薯酒）。③ 代用原料酒。如：粉渣酒、豆腐渣酒、高粱糠酒、米糠酒等。

（2）按生产工艺可分为：① 固态法白酒。原料经固态发酵，又经固态蒸馏而成。为我国传统蒸馏工艺。② 液态法白酒。原料经过液态发酵，又经过液态蒸馏而成。其产品为酒精，酒精再经过加工如串香、调配后为普通白酒，俗称大路货白酒。③ 调香白酒。用固态法生产的白酒或用液态法生产的酒精经过加香调配而成。④ 串香白酒。液态法生产的白酒或用液态法生产的酒精经过加香调配而成。

（3）按糖化发酵剂可分为：① 大曲酒。用大曲（指曲的形状）酿制的白酒。② 小曲酒。用小曲酿制的固态或半固态发酵白酒。因气候关系，它适宜于我国南方较热地带生产。用小曲制成的酒统称为米香型酒。③ 快曲酒。

（4）按香型可分为：① 浓香型（亦称泸香型、五粮液香型和窖香型）白酒。② 清香型（亦称汾香型、醇香型）白酒。③ 酱香型（亦称茅香型）白酒。④ 米香型（小曲米香型）白酒。⑤ 其他香型（亦称兼香型、复香型、混合香型）白酒。

（5）按产品档次可分为：① 高档酒。用料好、工艺精湛、发酵期和储存期较长、售价较高的酒，如：名酒类和特曲、特窖、陈曲、陈窖、陈酿、老窖、佳酿等。② 中档酒。工艺较为复杂、发酵期和贮存期稍长、售价中等的白酒，如：大曲酒、杂粮酒等。③ 低档酒。亦称大路货，如：瓜干酒、串香酒、调香酒、粮香酒和广大农村销售的散装白酒等。

（6）按酒精含量可分为：① 高度酒（主要指 60° 左右的酒）。② 降度酒（一般指降为 54° 左右的酒）。③ 低度酒（一般指 39° 以下）。

（五）白酒的品鉴

1. 嗅觉和味觉

（1）嗅觉。

人能感觉到香气，主要是因为鼻腔上部的嗅觉细胞在起作用，在鼻腔深处有黄色黏膜，这里密集着像蜂巢状排列的嗅觉细胞。有气味分子随空气吸入鼻腔，接触到嗅膜后，溶解于嗅腺分泌液或借助化学作用刺激细胞，从而发生神经传动，传导至大脑中枢，发生嗅觉。人的嗅觉非常灵敏，但容易疲劳，嗅觉一疲劳就分辨不出气味。当鼻作平静呼吸时，吸入的气流几乎全部经过鼻道溢出，以致有气味的物质不能达到嗅区黏膜，所以感觉不到气味，为了获得明显的嗅觉，就要适当用力吸气或多次急促吸气呼气。最好的办法是：头部略向下，酒杯放在鼻下，让酒中的香气自下而上进入鼻孔，使香气在闻的过程中由鼻甲上产生空气涡流，使香气分子多接触嗅膜。

（2）味觉。

味觉是经唾液或水将食物溶解，通过舌头上的味蕾刺激味觉细胞，然后由味蕾传达到大脑，便可分辨出味道。人的味蕾约有 9000 个，分布在口腔周围，大部分在舌头上，不同的位置的味觉并不相同。而且，味觉也容易产生疲劳。

2. 白酒的鉴赏步骤

白酒的感官质量，主要包括色、香、味、格四个部分，品评就是要通过眼观其色、鼻闻其香，口尝其味，并综合色、香、味确定其风格，完成品尝过程。

（1）色。

白酒色的鉴别，举杯对光，白布或白纸为底，用肉眼观察酒的色调、透明度及有无悬浮物、沉淀物。正常的白酒应是无色透明的澄清液体、不浑浊，没有悬浮物和沉淀物。

（2）香。

白酒的香气是通过人的嗅觉器官来检验的，它的感官质量标准是香气协调、有愉快感，主体香突出而无其他邪杂味。同时应考虑溢香、喷香、留香性。评气味时，置酒杯于鼻下7~10 cm处，头略低，轻嗅其气味。这是第一印象，应充分重视。第一印象一般较灵敏、准确。鉴别酒的气味，应注意嗅闻每杯酒时，杯与鼻距离、吸气时间、间歇以及吸入酒气的量尽可能相等，不可忽远忽近、忽长忽短、忽多忽少，这些都是造成误差的因素。

（3）味。

味是尝评中最重要的部分。尝评顺序可依香气的排列次序，先从香气较淡的开始，将酒饮入口中，注意酒液入口时要慢而稳，使酒液先接触舌尖，次两侧，最后到舌根，使酒液铺满舌面，进行味觉的全面判断。除了味的基本情况外，更要注意酒味的协调及刺激的强弱柔和、有无异杂味、是否愉悦等等。

一般认为，高度白酒每次入口白酒量为2~3 ml，低度白酒为3~5 ml，酒液在口中停留时间为2~3秒，便可将各种味道分辨出来。酒液在口中停留时间不宜过长，因为酒液和唾液混合会发生缓冲作用，时间过久会影响味的判断，同时还会造成疲劳。

（4）风格。

风格又称酒体、典型性，是指酒色、香、味的综合表现。它是由原料、工艺相结合而创造出来的。酒的独特风格，对于名优酒更为重要。评酒就是对一种酒作出判断，是否有典型性及它的强弱。对于各种酒风格的正确描述，主要靠平时广泛接触各种酒类，逐步积累经验，通过反复评尝，反复的对比和思考，才能细致、正确地辨别。

（六）名酒简介

（1）茅台酒。茅台酒产于贵州省仁怀县茅台镇，是以高粱为主要原料的酱香型白酒，酒度为53°。

（2）汾酒。汾酒产于山西省汾阳县杏花村酒厂，是以高粱为主要原料的清香型白酒，酒度为60°。

（3）五粮液。五粮液产于四川省宜宾市，是以高粱、糯米、大米、玉米和小麦为原料的浓香型白酒，酒度为60°。

（4）剑南春。剑南春产于四川省绵竹市，是以高粱、大米、糯米、玉米、小麦为原料的浓香型白酒，酒度有60°和52°两种。

（5）古井贡酒。古井贡酒产于安徽省亳县，是以高粱为主要原料的浓香型白酒，酒度为60°。

（6）洋河大曲。洋河大曲产于江苏省泗洋县洋河镇，是以高粱为主要原料的浓香型白酒，酒度有60°、55°、38°等多种。

（7）董酒。董酒产于贵州省遵义市，是以高粱为主要原料的兼香型白酒，酒度为58°。

（8）泸州老窖特曲。泸州老窖特曲产于四川省泸州市，是以高粱为主要原料的浓香型白酒，酒度为60°。

四、技能实战训练

各小组准备好所需用品，按照讲授课程的要求，对白酒进行分类及鉴赏。

任务二　黄酒品鉴

一、学习任务说明

学习目标

★知识目标：（1）了解黄酒的特征。

　　　　　　（2）掌握黄酒的分类。

★技能目标：掌握黄酒的品鉴方法。

★素质目标：培养应变能力、探索精神、团队协作的精神和语言表达能力。

学习结果

经过学习，学员能独立、正确完成黄酒的品鉴。

重点及难点

教学重点：（1）掌握黄酒的特征。

　　　　　　（2）掌握黄酒的分类。

教学难点：对黄酒进行品鉴。

二、课前准备

（1）物品准备：教学视频、笔、纸、不同类型的黄酒。

（2）场地准备：餐饮实训室、多媒体教室。

（3）分组安排：每组 4 ~ 5 人，选出一名组长。

三、相关理论知识

（一）黄酒的定义

黄酒又称"老酒"，以稻米、黍米、黑米、玉米、小麦等为原料，经过蒸料，拌以麦曲、米曲或酒药，进行糖化和发酵酿制而成。黄酒色泽金黄清亮或者黄中带红，酒质醇厚幽香，味感和谐，风格独特，营养丰富。

黄酒属于酿造酒，在世界三大酿造酒（黄酒、葡萄酒和啤酒）中占有重要的一席，被誉为我国国酒。

（二）黄酒的分类

1.按原料和酒曲划分

（1）糯米黄酒。糯米黄酒以酒药和麦曲为糖化、发酵剂，主要生产于我国南方地区。

（2）黍米黄酒。黍米黄酒以米曲霉制成的麸曲为糖化、发酵剂，主要生产于我国北方地区。

（3）大米黄酒。大米黄酒为一种改良的黄酒，以米曲加酵母为糖化、发酵剂，主要生产于我国吉林及山东，以及湖北襄阳。

（4）红曲黄酒。红曲黄酒以糯米为原料，红曲为糖化、发酵剂，主要生产于我国福建及浙江两地。

2. 根据含糖量划分

黄酒分为干型黄酒、半干型黄酒、半甜型黄酒、甜型黄酒四类。经科学分析鉴定，这四类黄酒刚好是绍兴酒的四个名品，即元红酒、加饭酒、善酿酒、香雪酒。

（1）干黄酒：干黄酒含糖量小于 1.00 g/100 ML（以葡萄糖计）。"干"表酒中含糖量少，糖分都发酵变成了酒精，故酒中的糖分含量最低。

干黄酒色香味格：口味醇和鲜爽，浓郁醇香，呈橙黄至深褐色，清亮透明，有光泽。

（2）半干黄酒：半干黄酒含糖分为 0.01 ～ 0.03 g/mL。"半干"表酒中糖分还未全部发酵成酒精，还保留了一些糖分。酒质浓厚，风味优良，可长久储藏，是黄酒中的上品。我国大多数出口酒均属此类。

半干黄酒色香味格：口味醇厚柔和鲜爽，浓郁醇香，呈橙黄至深褐色，清透有光泽。

（3）半甜黄酒：半甜黄酒含糖分为 0.03 ～ 0.10 g/mL。该酒工艺独特，故成品酒中的糖分较高。该酒酒香浓郁，酒度适中，味甘甜醇厚，为黄酒中之珍品。缺点是不宜久存，其储藏时间愈长则色泽愈深。

半甜黄酒色香味格：醇厚鲜甜爽口，酒体协调，浓郁醇香，清亮透明，有光泽。

（4）甜黄酒：甜黄酒含糖分 0.10 ～ 0.20 g/mL。一般采用淋饭操作法，拌入酒药，搭窝先酿成甜酒娘，当糖化至一定程度时，加入 40% ～ 50% 浓度的米白酒或糟烧酒，以抑制微生物的糖化发酵作用。

甜黄酒色香味格：鲜甜醇厚，酒体协调，浓郁醇香，呈橙黄至深褐色，清亮透明，有光泽。

（三）黄酒的品鉴

按照一看、二闻、三尝的方法进行品鉴。

（1）首先应观其色泽，色泽须晶莹透明，有光泽感，无混浊或悬浮物，无沉淀物泛起荡漾于其中，具有极富感染力的琥珀红色，主要源于原料弥合糯米本身的自然色泽，经发酵而产生。

（2）其次将鼻子移近酒盅或酒杯，闻其幽雅、诱人的馥郁芳香。黄酒的香气不同于白酒的香型，更区别于化学香精，是一种深沉特别的脂香和黄酒特有的酒香的混合。

（3）再次是尝，清爽柔和，鲜甜甘美，无辛辣酸涩和异味，具有甜、酸、苦、涩、辣五味协调和顺的特点。

（四）绍兴酒介绍

绍兴酒的主要品种有：

（1）元红酒，又名状元红。用摊饭法酿造，发酵完全，残留的糖少，酒液澄黄，有独特的芳香，味甘爽微苦，是绍兴酒中的大宗产品，干型黄酒的典型代表。

（2）加饭酒，其生产方法与元红酒相同，因饭量增加醪液稠厚，控制发酵难度较大，酒液深黄带红，芳香浓郁，味醇和鲜美，是绍兴酒中的上品，半干型黄酒的典型代表。以坛装的陈年加饭酒，叫花雕酒。其坛外壁塑绘山水、花、鸟、人物等神话故事，包装精美，可做高档礼品。

（3）善酿酒，用摊饭法酿造，用储存 1～3 年的元红酒代水酿制而成。因发酵开始就有 6% 的酒精浓度，发酵缓慢，成品中糖分保持在 7% 以上，是半甜型酒的典型代表。酒色深黄，香气芬芳浓郁，味醇和甜美，是绍兴酒中的珍品。

（4）香雪酒，用淋饭法制成甜酒酿后，拌入少量麦曲加糟烧酒抑制发酵，保留需要的糖分陈酿而成。酒液呈琥珀色，香味芬芳，味醇厚甜美，是甜型黄酒的典型代表。

四、技能实战训练

各小组准备好所需用品，按照讲授课程的要求，对黄酒进行分类及鉴赏。

任务三　啤酒品鉴

一、学习任务说明

学习目标

★知识目标：（1）了解啤酒的特征。
　　　　　　（2）掌握啤酒的分类。
★技能目标：掌握啤酒的品鉴方法。
★素质目标：培养应变能力、探索精神、团队协作的精神和语言表达能力。

学习结果

经过学习，学员能够独立、正确完成啤酒的品鉴。

重点及难点

教学重点：（1）掌握啤酒的特征。
　　　　　　（2）掌握啤酒的分类。
教学难点：对啤酒进行品鉴。

二、课前准备

（1）物品准备：教学视频、笔、纸、不同类型的啤酒、啤酒杯。
（2）场地准备：餐饮实训室、多媒体教室。
（3）分组安排：每组 4～5 人，选出一名组长。

三、相关理论知识

（一）啤酒的定义

啤酒是以麦芽为主要原料，加酒花，经酵母发酵酿制而成的，含有二氧化碳气、起泡的低酒精度饮料。

（二）啤酒分类

1. 根据原麦汁浓度分类

可以分为低浓度啤酒（Small Beer）、中浓度啤酒（light Beer）、高浓度啤酒（Strong Beer）。

2. 根据啤酒色泽分类

（1）淡色啤酒。淡色啤酒色度在 5 ～ 14EBC 之间。淡色啤酒为啤酒产量最大的一种。淡色啤酒又分为浅黄色啤酒、金黄色啤酒。浅黄色啤酒口味淡爽，酒花香味突出。金黄色啤酒口味清爽而醇和，酒花香味也突出。

（2）浓色啤酒。浓色啤酒色泽呈红棕色或红褐色，色度在 14 ～ 40EBC 之间。浓色啤酒麦芽香味突出、口味醇厚、酒花苦味较清。

（3）黑色啤酒。黑色啤酒色泽呈深红褐色乃至黑褐色，产量较低。黑色啤酒麦芽香味突出、口味浓醇、泡沫细腻，苦味根据产品类型而有较大差异。

3. 根据杀菌方法分类

（1）鲜啤酒。鲜啤酒是指啤酒经过包装后，不经过低温灭菌（也称巴氏灭菌）而销售的啤酒，这种啤酒味道鲜美，但容易变质，保质期在低温下 7 天左右，一般就地销售。

（2）熟啤酒。熟啤酒是经过巴氏灭菌的啤酒。可以存放较长时间，可用于外地销售，优级啤酒保质期为 120 天。

4. 根据包装容器分类

（1）瓶装啤酒。瓶装啤酒国内主要为 640 ml 和 355 ml 两种包装。国际上还有 500 ml 和 330 ml 等其他规格。

（2）易拉罐装啤酒。易拉罐装啤酒采用铝合金为材料，规格多为 355 ml。便于携带，但成本高。

（3）桶装啤酒。桶装啤酒材料一般为不锈钢或塑料，容量为 30 L。啤酒经瞬间高温灭菌，温度为 72℃，灭菌时间为 30 秒。多在宾馆、饭店出现，并专门配有售酒机。由于酒桶内的压力，可以保持啤酒的卫生。

5. 根据啤酒酵母性质分类

（1）上面发酵啤酒。上面发酵啤酒采用上面酵母。发酵过程中，酵母随 CO_2 浮到发酵面上，发酵温度 15 ～ 20℃。啤酒的香味突出。

（2）下面发酵啤酒。下面发酵啤酒采用下面酵母。发酵完毕，酵母凝聚沉淀到发酵容器底部，发酵温度 5 ～ 10℃。啤酒的香味柔和。世界上绝大部分国家采用下面发酵啤酒。我国的啤酒均为下面发酵啤酒，其中的著名啤酒有青岛啤酒、五星啤酒等。

（三）啤酒的"度"

啤酒酒标上的度数与白酒上的度数不同，它并非指酒精度，它的含义为原麦汁浓度，即啤酒发酵进罐时麦汁的浓度。我们通常饮用的啤酒度数多在 3.5 ～ 5 度之间。

（四）啤酒的品鉴

（1）一看。

看酒体色泽：普通浅色啤酒应该是淡黄色或金黄色，黑啤酒为红棕色或淡褐色。

看透明度：酒液应清亮透明，无悬浮物或沉淀物。

看泡沫：啤酒注入无油腻的玻璃杯中时，泡沫应迅速升起，泡沫高度应占杯子的 1/3，当啤酒温度在 8～15℃时，5 分钟内泡沫不应消失；同时泡沫还应细腻、洁白，散落杯壁后仍然留有泡沫的痕迹（"挂杯"）。泡沫是啤酒的一个重要质量指标，与啤酒酒液中的二氧化碳气、麦芽汁等成分有关系。

（2）二闻。

闻香气，在酒杯上方，用鼻子轻轻吸气，应有明显的酒花香气，新鲜、无老化气味及生酒花气味；黑啤酒还应有焦麦芽的香气。

（3）三尝。

品尝味道，入口纯正，没有酵母味或其他怪味杂味；口感清爽、协调、柔和，苦味消失迅速，无明显的涩味，有二氧化碳的刺激，使人感到杀口。啤酒的最佳品评温度是在 15℃以下保持 1 小时。

（4）四格。

最后根据前三个步骤的品鉴感受，确定风格。

四、技能实战训练

各小组准备好所需用品，按照讲授课程的要求，对啤酒进行分类及鉴赏。

任务四　葡萄酒品鉴

一、学习任务说明

学习目标

★知识目标：（1）了解葡萄酒的特征。

（2）掌握葡萄酒的分类。

★技能目标：掌握葡萄酒的品鉴方法。

★素质目标：培养应变能力、探索精神、团队协作的精神和语言表达能力。

学习结果

经过学习，学员能够独立、正确完成葡萄酒的品鉴。

重点及难点

教学重点：（1）掌握葡萄酒的特征。

（2）掌握葡萄酒的分类。

教学难点：对葡萄酒进行品鉴。

二、课前准备

（1）物品准备：教学视频、笔、纸、不同类型的葡萄酒、葡萄酒杯。

（2）场地准备：餐饮实训室、多媒体教室。

（3）分组安排：每组 4 ~ 5 人，选出一名组长。

三、相关理论知识

（一）葡萄酒的定义

根据国际葡萄与葡萄酒组织的规定（OIV，1996），葡萄酒只能是破碎或未破碎的新鲜葡萄果实或葡萄汁经完全或部分酒精发酵后获得的饮料，其酒精度不能低于 8.5％。但是，根据气候、土壤条件、葡萄品种和一些葡萄酒产区特殊的质量因素或传统，在一些特定的地区，葡萄酒的最低总酒精度可降低到 7.0％。

（二）葡萄酒的分类

1. 按葡萄生长来源不同分类

（1）山葡萄酒（野葡萄酒）。山葡萄酒以野生葡萄为原料酿成，产品以山葡萄酒或葡萄酒命名。

（2）家葡萄酒。家葡萄酒以人工培植的酿酒品种葡萄为原料酿成，产品直接以葡萄酒命名。国内葡萄酒生产厂家大都以生产家葡萄酒为主。

2. 按葡萄酒含汁量分类

（1）全汁葡萄酒。全汁葡萄酒中葡萄原汁的含量为 100％，不另加糖、酒精与其他成分，例如干型葡萄酒。

（2）半汁葡萄酒。半汁葡萄酒中葡萄原汁的含量达 50％，另一半可加入糖、酒精、水等其他辅料。

3. 按葡萄酒的颜色分类

（1）白葡萄酒：白葡萄酒是选择用白葡萄或浅红色果皮的葡萄酿酒，经过皮汁分离，取其果汁进行发酵酿制而成的葡萄酒。这类酒的色泽近似无色，或浅黄带绿，或浅黄，或禾杆黄。颜色过深不符合白葡萄酒色泽要求（见图5-1）。

（2）红葡萄酒：红葡萄酒是选择用皮红肉白或皮肉皆红的葡萄酿酒，采用皮汁混合发酵，然后进行分离陈酿而成的葡萄酒，这类酒的色泽呈自然宝石红色、紫红色、石榴红色等。失去自然感的红色不符合红葡萄酒色泽要求（见图5-2）。

图5-1

图5-2

（3）桃红葡萄酒：桃红葡萄酒是介于红、白葡萄酒之间，选用皮红肉白的葡萄酿酒，皮汁短时期混合发酵达到色泽要求后进行分离皮渣，继续发酵，陈酿成为桃红葡萄酒。这类酒的色泽是桃红色，或玫瑰红、淡红色。

4. 按葡萄酒中含糖量分类

（1）干葡萄酒：干葡萄酒中的糖分几乎已发酵完，每升葡萄酒中含总糖低于 4 克，饮用时觉不出甜味，酸味明显。

（2）半干葡萄酒：半干葡萄酒是指每升葡萄酒中含总糖在 4 ～ 12 g 之间，饮用时有微甜感。

（3）半甜葡萄酒：半甜葡萄酒是指每升葡萄酒中含总糖在 12 ～ 50 g 克之间，饮用时有甘甜、爽顺感。

（4）甜葡萄酒：甜葡萄酒是指每升葡萄酒中含总糖在 50 g 以上，饮用时有明显的甜纯感。

5. 根据酒中二氧化碳的压力来分类

（1）无气葡萄酒（Still Wine）：无气葡萄酒也称静酒（包括加香葡萄酒），这种葡萄酒不含有自身发酵产生的二氧化碳或人工添加的二氧化碳。

（2）起泡葡萄酒（Sparkling Wine）：起泡葡萄酒中含的二氧化碳是以葡萄酒加糖再发酵而产生的或用人工方法压入的，其酒中的二氧化碳含量在 20℃时保持压力 0.35 MPa 以上，酒精度不低于 8%（V/V）。香槟酒属于起泡葡萄酒，在法国规定只有在香槟省出产的起泡葡萄酒才能称为香槟酒。由于 Champagne 与英语中冠军、优胜者一词发音相同，所以，香槟酒实际上已成为一种庆贺酒。

（3）葡萄汽酒：葡萄汽酒中的二氧化碳是发酵产生的或是人工方法加入的，其酒中二氧化碳含量在 20℃时保持压力 0.051 ～ 0.025 MPa，酒精度不低于 4%（V/V）。

6. 根据再加工分类

（1）加香葡萄酒：加香葡萄酒也称开胃酒，该酒用具有香气的草本植物的根、茎、花、果实等为香料，经一定的工艺加工，使酒具有特殊的香味。按葡萄酒中所添加的主要香物质的不同可分为苦味型、花香型、果香型和芳香型。该酒酒精含量亦较高，在 16% ～ 20% 左右。

（2）加强葡萄酒：加强葡萄酒在酿造过程中为保留天然葡萄糖分，中途加入葡萄酒精，使其停止发酵。因此，这种酒酒精含量较高，在 14% ～ 24% 之间，可保存较长时间。

（3）白兰地：白兰地是经过蒸馏而成的蒸馏酒。有些白兰地也可用其他水果酿成的酒制造，但需冠以原料水果的名称，如樱桃白兰地、苹果白兰地和李子白兰地等。

（三）法国葡萄酒

法国葡萄酒被世人奉为世界葡萄酒的极品。它之所以深受人们的爱戴，不仅仅在于它与香水、时装一样象征着法兰西浪漫情调，更重要的是它有着独特的历史和文化底蕴。

1. 法国葡萄酒的分类体系

法国葡萄酒有严格的等级和品质体系，从大的方面可分为四等。

第一等叫法定产区葡萄酒（AOC）。

第二等叫优良产区葡萄酒（VDQS）。

第三等酒叫地区餐酒（Vins De Pays），指注明产地的佐餐酒。这类酒在其产量、酒精、储量酿制程序上也都有严格规定。

第四等酒叫日常餐酒（Vins De Table），这种酒不注明产地，大多通过不同酒窖的酒勾兑而成。

在第一等级的酒中又可分为超一级（Ler Cru Classe Exceptionel）、一级（Ler Cru）、二级（2e Cru）、三级（3e Cru）、四级（4e Cru）等多个级别。此外，法国酒还特别讲究年成（香槟酒只有特别好年才标年份）。分成特别好年、很好年、好年、较好年、一般、差等几类。如果是特别好年的酒不仅可以长时间储存，而且还因为具有升值潜力而具有一定的收藏价值。比如一瓶较好的 1995 年的葡萄酒当年仅卖 80 法郎左右，而 5 年之后则可能卖到 200 法郎以上。一瓶上等陈酿价格远在一瓶 XO 之上。本世纪以来的好年酒有：1904（特别好）、1906、1921（特别好）、1928（特别好）、1929、1934、1937（特别好）。战后有 1961、1964、1966、1970、1971、1975、1978、1981、1982（特别好）、1983、1985、1986、1988、1989（特别好）、1995、1996。

2. 法国葡萄酒命名标准

（1）按地区命名。

比如说，以地区命名的有雪比利——它是法国东北部一个出产著名白酒的地方；保祖利——它亦是法国东部一个出产著名红酒的地区。莱茵——众所周知，它是德国最著名的酿制白酒的地区。

（2）按葡萄种类名称命名。

如果某种葡萄酒的酿制地区不很出名，或来源复杂但采用的葡萄种类相当著名，则这些酒便会以该葡萄种类名称命名。例如：雷司令——它是全世界葡萄产区中广泛种植和很受欢迎的一种葡萄；霞多丽——它是一种高级的青葡萄，部分的法国香槟也是采用这种葡萄酿制的；卡皮诺苏维安——它是红葡萄类中的极品，大部分的法国极品红酒均采用它来酿制。

（3）按商标名称命名。

有些葡萄酒的酿制地区不很出名，而且采用的葡萄种类比较杂，那么，酿酒商则会替这些酒起一个商标名称。这类酒如果推销成功，仍然可以受世界各地人士的欢迎。比如密桃红和碧加露便是一些很好的例子。

（4）按厂名命名。

有些著名的厂商，历史悠久，酿酒经验丰富，会把他们自己的厂名来替某一种葡萄酒命名，例如路易拉图、狄络丝和莫路等。

3. 法国葡萄酒酒标认识

（1）法定产区葡萄酒（AOC）。

法定产区葡萄酒级别简称 AOC，是法国葡萄酒的最高级别，AOC 在法文意思为"原产地控制命名"。原产地地区的葡萄品种、种植数量、酿造过程、酒精含量等都要得到专家认证。只能用原产地种植的葡萄酿制，绝对不可和别地葡萄汁勾兑。AOC 产量大约占法国葡萄酒总产量的 35%。酒瓶标签标示为 Appellation + 产区名 + Controlee。见图 5-3。

（2）优良产区餐酒（VDQS）。

优良产区餐酒级别简称 VDQS，是普通产区餐酒向 AOC 级别过渡所必须经历的级别。如果在 VDQS 时期酒质表现良好，则会升级为 AOC。VDQS 产量只占法国葡萄酒总产量的 2％，酒瓶标签标示为 Appellation + 产区名 + Qualite Superieure，见图 5-4。

图5-3

图5-4

（3）地区餐酒（Vin De Pays）。

日常餐酒中最好的酒被升级为地区餐酒。地区餐酒的标签上可以标明产区，可以用标明产区内的葡萄汁勾兑，但仅限于该产区内的葡萄。这种酒的产量约占法国葡萄酒总产量的 15％，酒瓶标签标示为 Vin de Pays + 产区名，法国绝大部分的地区餐酒产自南部地中海沿岸，见图 5-5。

（4）日常餐酒（Vin De Table）。

日常餐酒是最低档的葡萄酒，作日常饮用，可以由不同地区的葡萄汁勾兑而成，如果葡萄汁限于法国各产区，可称法国日常餐酒。其不得用欧共体外国家的葡萄汁，产量约占法国葡萄酒总产量的 38％。酒瓶标签标示为 Vin de Table。见图 5-6。

图 5-5

图 5-6

（四）葡萄酒的品鉴

1. 看

摇晃酒杯，观察其缓缓流下的酒脚；再将杯子倾斜45°，观察酒的颜色及液面边缘（以在自然光线的状态下最理想），这个步骤可判断出酒的成熟度。一般而言，酿制时间短的白葡萄酒是无色的，但随着时间的增长，颜色会逐渐变浅黄并略带绿色反光，然后到成熟的麦杆色、金黄色，最后变成金铜色。若变成金铜色时，则表示已经太陈不适合饮用了。红葡萄酒则相反，它的颜色会随着时间而逐渐变淡，刚酿制出时是深红带紫，然后会渐渐转为正红或樱桃红，再转为红色偏橙红或砖红色，最后呈红褐色。

2. 闻

将酒摇晃过后，再将鼻子深深置入杯中深吸至少 2 秒，重复此动作可分辨多种气味，尽可能从以下三方面来分析酒的香味：

强度（Intensity）：弱、适中、明显、强、特强。

质地（Quality）：简单、复杂、愉悦或反感。

特征（Character）：果味、骚味、植物味、矿物味、香料味。

具体操作分为以下两个步骤：

第一步是在杯中的酒面静止状态下，把鼻子探到杯内，闻到的香气比较幽雅清淡，是葡萄酒中扩散最强的那一部分香气。

第二步是手捏玻璃杯柱，不停地顺时针摇晃品酒杯，使葡萄酒在杯里做圆周旋转，酒液挂在玻璃杯壁上。这时，葡萄酒中的芳香物质大都能挥发出来。停止摇晃后，第二次闻香，这时闻到的香气更饱满、更充沛、更浓郁，能够比较真实、准确地反应葡萄酒的内在质量。

3. 尝

小酌一口，并以半漱口的方式，让酒在嘴中充分与空气混合且接触到口中的所有部位。当捕捉到红葡萄酒的迷人香气时，酒液在口腔中是如珍珠般圆滑紧密，如丝绸般滑润缠绵，让人不忍弃之。此时可归纳、分析出单宁、甜度、酸度、圆润度、成熟度，也可以将酒吞下，以感觉酒的终感及余韵。

4. 吐

好酒需要知己的欣赏，如果想完美地了解它、欣赏它，有时就不得不舍弃一些，这就是鉴赏过程的最后一步：吐。当酒液在口腔中充分与味蕾接触，舌头感觉到它的酸、甜、苦味后，再将酒液吐出，此时要感受的就是酒在口腔中的余香和舌根余味。余香绵长、丰富，余味悠长，就说明这是一款不错的红葡萄酒。

（五）品鉴注意事项

品酒不是猜酒，更不是比酒。品酒乃是运用感官及非感官的技巧来分析酒的原始条件及判断酒的可能变化，客观独立的思考技巧，是品酒准确与否的关键。

（1）时间。

最佳的试酒、品酒时间为上午 10:00 左右。这个时间不但光线充足，而且人的精神及味觉也较能集中。

（2）杯子。

品尝葡萄酒的杯子也是有讲究的，理想的酒杯应该是杯身薄、无色透明且杯口内缩的郁金香杯，而且一定要有 4 ～ 5 cm 长的杯脚，这样才能避免用手持拿杯身时，手的温度间接影响到酒温，而且也方便观察酒的颜色。

（3）次序。

若同时品尝多款酒时，应该要从口感淡的到口感重的，这样才不会因为前一款酒的浓重而破坏了后一款酒的味道，所以，一般的规则是干白葡萄酒会在红葡萄酒之前，甜型酒会在干型酒之后，新年份在旧年份之前。

（4）温度。

品酒时，温度是非常重要的一环，若在最适合的温度饮用，不仅可以让香气完全散发出来，而且在口感的均衡度上，也可以达到最完美的境界。通常红葡萄酒的适饮温度要比白葡萄酒来得高，因为它的口感比白酒来得厚重，所以，需要比较高的温度才能引出它的香气。因此，即使只是单纯的红葡萄酒或白葡萄酒，也会因为酒龄、甜度等因素，而有不同的适饮温度。

（六）真伪辨别方法

1. 原装进口真伪辨别

（1）首先要看生产商与灌装商是否一致，如果一致，则证明更有质量保障。

（2）其次看生产制造商是否知名，因为红酒品牌很多，许多都无自己的酿造基地，而是灌装或者勾兑的。

（3）注意葡萄酒的年份，好的年份才能有好葡萄。葡萄酒的各地方年份评价表可以在网上找到。

（4）买酒时应注意瓶里的酒的高度，10年以内的酒，都应有到"颈弯"的高度，如果酒的"水位"太低，可能表示存放不佳。

（5）葡萄酒中的酒精含量通常是在8%～16% vol. 之间。酿制时通常不被允许添加任何其他物质，完全要靠自行发酵而成。

（6）进口葡萄酒应有中文背标，如果没有则非正规海关进口，购买时需慎重。

2. 鉴别葡萄酒是否原汁酿造

取一张纸巾，滴上一滴葡萄酒，如均匀分散，无水印，那就是100%葡萄汁酿造的葡萄酒，反之添加糖和酒精酿造的葡萄酒，在纸巾上面会有水印，且不均匀。

四、技能实战训练

各小组准备好所需用品，按照讲授课程的要求，对葡萄酒进行分类及鉴赏。

模块二　鸡尾酒调制

任务一　调酒器具及酒吧设备的使用

一、学习任务说明

学习目标

★知识目标：了解酒吧常用的调酒器具、酒杯及设备。

★技能目标：熟练掌握调酒所用各类器具及设备的使用方法。

★素质目标：培养应变能力、探索精神、团队协作的精神和语言表达能力。

学习结果

经过学习，学员能正确使用调酒器具及设备。

重点及难点

教学重点：（1）调酒器具的使用。

　　　　　（2）酒吧设备的使用。

教学难点：调酒器具的使用。

二、课前准备

（1）物品准备：教学视频、笔、纸、调酒的各类器具，如调酒壶、调酒匙、量酒器、盎司杯、调酒器具、花式练习瓶、各类鸡尾酒杯、制冰机、碎冰机等。

（2）场地准备：餐饮实训室、多媒体教室。

（3）分组安排：每组4～5人，选出一名组长。

三、相关理论知识

（一）调酒器具的认识

调酒器具见图5-7。

图5-7（1）　波士顿式摇酒壶
（Boston Shaker）

图5-7（2）　调酒匙
（Barspoon）

图5-7（3）　调酒杯
（Mixing Glass）

1—盎司杯；2—研磨棒；3—过滤器；4—冰夹；5—雪克壶；6—吧匙；7—酒嘴；8—去核器

图5-7（4）

（二）酒杯的认识

- Tom Collins Glass 柯林斯杯。
- old Fashioned Glass 古典酒杯。
- High Ball Glass 海波杯。
- Sour Glass 沙活杯。
- Snifter Brandy 白兰地杯。
- CockTail Glass 鸡尾酒杯。
- Champagne 香槟杯。
- Tulip 郁金香形杯。
- Ligueur 香甜酒杯。
- Red wine Glass 红葡萄酒杯。
- Sherry Glass 雪莉酒杯。
- Port wine Glass 波特酒杯。
- White wine 白葡萄酒杯。

各类酒杯见图 5-8。

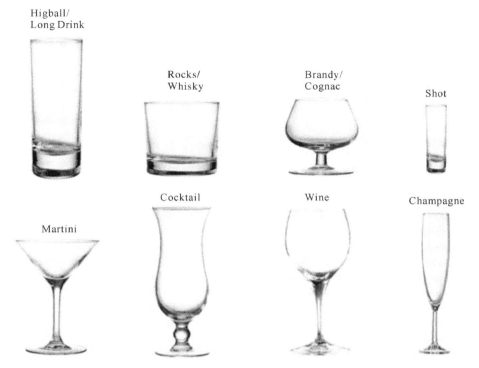

图 5-8（1）第一排由左至右：海波杯、古典杯、白兰地杯、烈酒杯
第二排由左至右：马天尼杯、鸡尾酒杯、红酒杯、香槟杯

图 5-8（2）郁金香杯

图 5-8（3）雪莉杯

图 5-8（4）香甜酒杯

图 5-8（5）37 ml 果汁杯

图 5-8（6）64 ml 鸡尾酒杯

图 5-8（7）21 ml 鸡尾酒杯

（三）酒吧设备的认识和使用

酒吧设备见图 5-9。

品名：制冰机
图5-9（1）

品名：碎冰机
图5-9（2）

品名：碎冰机
图5-9（3）

（四）花式调酒器具

花式调酒器具见图 5-10。

图 5-10　花式练习瓶

四、技能实战训练

各小组准备好所需用品，按照讲授课程的要求，对调酒器具及酒吧设备进行正确使用。

任务二　鸡尾酒调制

一、学习任务说明

学习目标

★知识目标：了解鸡尾酒命名的方法及分类。

★技能目标：（1）熟练掌握搅和法、摇和法、兑和法等调酒的基本方法。

（2）掌握至少 10 种常见鸡尾酒的调制方法。

★素质目标：培养应变能力、探索精神、团队协作的精神和语言表达能力。

学习结果

经过学习，学员能独立、正确地调制至少 10 款鸡尾酒。

重点及难点

教学重点：搅和法、摇和法、兑和法。

教学难点：不同鸡尾酒的调制方法。

二、课前准备

（1）物品准备：教学视频、笔、纸、调酒的各类器具，如调酒壶、调酒匙、量酒器、盎司杯、调酒器具、花式练习瓶、各类鸡尾酒杯、制冰机、碎冰机等。

（2）场地准备：餐饮实训室、多媒体教室。

（3）分组安排：每组 4～5 人，选出一名组长。

三、相关理论知识

(一)鸡尾酒的命名

认识鸡尾酒的途径因人而异,但是若从其名称入手,不失为一条捷径。鸡尾酒的命名五花八门、千奇百怪。有植物名、动物名、人名,从形容词到动词,从视觉到味觉等。而且,同一种鸡尾酒叫法可能不同;反之,名称相同,配方也可能不同。不管怎样,它的基本划分可分以下几类:以酒的内容命名。以时间命名、以自然景观命名、以颜色命名。另外,上述四类兼而有之的也不乏其例。

(1)以酒的内容命名。

以酒的内容命名的鸡尾酒虽说为数不多,但却有不少是流行品牌,这些鸡尾酒通常都是由一两种材料调配而成,制作方法相对比较简单,多数属于长饮类饮料,而且从酒的名称就可以看出酒品所包含的内容。例如比较常见的有:罗姆可乐,由罗姆酒兑可乐调制而成,这款酒还有一个特别的名字,叫"自由古巴"(Cuba Liberty)。金汤力(Gin and Tonic),由金酒加汤力水调制而成。伏特加7(Vodka "7"),由伏特加加七喜调制而成。此外,还有金可乐、威士忌可乐、伏特加可乐、伏特加雪碧、葡萄酒苏打等。

(2)以时间命名。

以时间命名的鸡尾酒在众多的鸡尾酒中占有一定数量,这些以时间命名的鸡尾酒有些表示了酒的饮用时机,但更多的则是在某个特定的时间里,创作者因个人情绪,或身边发生的事,或其他因素的影响有感而发,产生了创作灵感,创作出一款鸡尾酒,并以这一特定时间来命名鸡尾酒,以示怀念、追忆。如"忧虑的星期一""六月新娘""夏日风情""九月的早晨""开张大吉""最后一吻"等。

(3)以自然景观命名。

所谓以自然景观命名,是指借助于天地间的山川河流、日月星辰、风露雨雪,以及繁华都市、偏远乡村抒发创作者的情思。创作者通过游历名山大川、风景名胜,徜徉在大自然的怀抱中,尽情享受。而面对西下的夕阳,散彩的断霞,岩边的残雪,还有那汹涌的海浪,产生了无限感慨,创作出一款款著名的鸡尾酒,并用所见所闻来给酒命名,以表达自己憧憬自然、热爱自然的美好愿望,当然其中亦不乏叹人生之苦短,惜良景不再的忧伤之作。因此,以自然景观命名的鸡尾酒品种较多,且酒品的色彩、口味甚至装饰等都具有明显的地方色彩,比如:"雪乡""乡村俱乐部""迈阿密海滩"等。此外还有"红云""牙买加之光""夏威夷""翡翠岛""蓝色的月亮""永恒的威尼斯"等。

(4)以颜色命名。

以颜色命名的鸡尾酒占鸡尾酒的大部分,它们基本上是以"伏特加""金酒""罗姆酒"等无色烈性酒为酒基,加上各种颜色的利口酒调制成形形色色、色彩斑斓的鸡尾酒品。

鸡尾酒的颜色主要是借助各种利口酒来体现的,不同的色彩刺激会使人产生不同的情绪反应,这些情绪反应又是创作者心理状态的本能体现,由于年龄、爱好和生活环境的差异,创作者在创作和品尝鸡尾酒时往往无法排除感情色彩的作用,并由此而产生诸多的联想。

红色:它是鸡尾酒中最常见的色彩,主要来自于调酒配料"红石榴糖浆"。通常人们会从红色联想到太阳、火、血,享受到红色给人带来的热情、温暖,甚至潜在的危险。红色同样又能营造出异常热烈的气氛，为各种聚会增添欢乐、增加色彩，因此，红色无论是在现有鸡尾酒中还是各类创作、比赛中都得到广泛使用，如著名的"红粉佳人"鸡尾酒就是一款相当流行且广受欢迎的酒品，它以金酒为基酒，加上橙皮甜酒、柠檬汁和石榴糖浆等材料调制而成，色泽粉红，口味甜酸苦诸味调和，深受各层次人士的喜爱，以红色著名的鸡尾酒还有"新加坡司令""日出特基拉""迈泰""热带风情"等。

绿色：绿色鸡尾酒主要用绿薄荷酒调制而成。薄荷酒有绿色、透明色和红色三种，但最常用的是绿薄荷酒，它用薄荷叶酿成，具有很好的清凉、提神作用，用它调制的鸡尾酒往往会使人自然而然地联想到绿茵茵的草地，繁茂的大森林，更使人感受到了春天的气息，和平的希望，特别是在炎热的夏季，饮用一杯碧绿滴翠的绿色鸡尾酒，使人暑气顿消，清凉之感沁人心脾。著名的绿色鸡尾酒有"蚱蜢""绿魔""青龙""翠玉""落魄的天使"等。

蓝色：蓝色常用来表示天空、海洋、湖泊的色彩，主要用蓝橙酒调制而成，如"忧郁的星期一""蓝色夏威夷""蓝天使""青鸟"等。

黑色：黑色鸡尾酒主要用各种咖啡酒调制，其中最常用的是一种叫甘露（也称卡鲁瓦）的墨西哥咖啡酒，其色浓黑如墨，味道极甜，带浓厚的咖啡味。黑色鸡尾酒如"黑色玛丽亚""黑杰克""黑俄罗斯"等。

褐色：褐色鸡尾酒主要由可可酒调制。可可酒，由可可豆及香草做成，由于欧美人对巧克力偏爱异常，配酒时常常大量使用。或用透明色淡的，或用褐色的，如"白兰地亚历山大""第五街""天使之吻"等鸡尾酒。

金色：金色鸡尾酒是用带茴香及香草味的加里安奴酒，或蛋黄、橙汁等调制而成。如"金色凯迪拉克""金色的梦""金青蛙""旅途平安"等。带色的酒多半具有独特的冲味。一味知道调色而不知调味，可能只会调出一杯中看不中喝的手工艺品；反之，只重味道而不讲色泽，也可能成为一杯无人敢问津的杂色酒。此中分寸，需经耐心细致的摸索、实践，不可操之过急。

（5）以其他方式命名。

上述四种命名方式是鸡尾酒中较为常见的命名方式，除了这些方式外，还有很多其他命名方法，如：

① 以花草、植物来命名鸡尾酒，如"白色百合花""郁金香""紫罗兰""黑玫瑰""雏菊""香蕉芒果""樱花""黄梅"等。

② 以历史故事、典故来命名，如"血玛丽""咸狗""太阳谷""掘金者"等，每款鸡尾酒都有一段美丽的故事或传说。

③ 以名人来命名，如"亚当与夏娃""哥伦比亚""亚历山大""丘吉尔""牛顿""伊丽莎白女王""丘比特""拿破仑""毕加索""宙斯"等，将这些世人皆知的著名人物与酒紧紧联系在一起，使人时刻缅怀他们。

④ 以军事事件或人来命名，如"海军上尉""自由古巴军""深水炸弹""老海军"等。

（二）鸡尾酒的分类

鸡尾酒分为短饮和长饮。

短饮，意即短时间喝的鸡尾酒，时间一长风味就减弱了。此种酒采用摇动或搅拌以及冰镇的方法制成，使用鸡尾酒杯。一般认为鸡尾酒在调好后 10～20 分钟饮用为好。大部分酒精度数是 30°左右。

长饮，是调制成适于消磨时间悠闲饮用的鸡尾酒，一般用苏打水、果汁等混合调制。长饮鸡尾酒基本是用平底玻璃酒杯或果汁水酒酒杯这种大容量的杯子来盛载。它是加冰的冷饮，也有加开水或热奶趁热喝的热饮。尽管如此，一般认为 30 分钟左右饮用为好。与短饮相比大多酒精浓度低，其依制法不同而分若干种。

（三）鸡尾酒的基本调制方法

1. 调和

将所需之酒及副材料倒入已放置冰块的调酒杯内，用调酒匙在杯内沿一定方向缓缓搅拌。此时，另一只手要握紧调酒杯，当手感到冰冷时，即表示已达到冷却度，便可以通过滤酒器倒入所需的载杯内。

2. 摇和

采用"摇晃"手法调酒的目的有两种，一是将酒精度高的酒味压低，以便容易入口；二是让较难混合的材料快速地融合在一起。因此在使用调酒壶时，应先把冰块及材料放入壶体，然后加上滤网和壶盖。滤网必须放正，否则摇晃时壶体的材料会渗透出来。一切准备就绪后，按下述程序操作：

（1）右手的拇指按住酒壶的壶盖；

（2）用无名指及小指夹住壶身；

（3）中指及食指并拢，撑住壶身；

（4）左手的中指及无名指置于壶体底部；

（5）拇指按住滤网，食指及小指夹住壶体。

此后便可不停地上下摇晃，但手掌绝对不可紧贴调酒壶，否则手温会透过调酒壶，使壶体内的冰块融化，导致鸡尾酒变淡。摇晃时，手中的调酒壶要放在肩部与胸部之间，并呈横线水平状，然后做有规律的前后活塞式运动，约 15～20 次。当调酒壶的表面有一层薄薄的霜雾时，应立即打开壶盖，然后用食指托住滤网，将酒倒入事先冰冷的酒杯中，到此便完成了整个"摇晃"调酒的操作程序。

3. 搅和（电动）

用搅拌机调酒，操作比较容易，只要按顺序将所需材料先放入搅拌机内，封严顶盖，启动一下电源开关可。不过，在调好的鸡尾酒倒入载杯时，要注意不要把冰块随之倒进，必要时可用滤冰器先将冰块滤掉。

4. 兑和

将酒按不同的密度缓慢倒入杯内，形成层次度，操作时注意密度最大的酒放在下层，倒酒时要沿着杯壁缓慢倒入。大家所熟悉的彩虹酒就是这样调制出来的。

（四）鸡尾酒配方

1. 干曼哈顿 Dry Manhattan

基酒：28 ml 美国威士忌。

辅料：21 ml 干味美思酒。

制法：用调和滤冰法，把基酒和辅料倒入鸡尾酒杯中，用酒签芽橄榄装饰。

2. 甜曼哈顿 Sweet Manhattan

基酒：28 ml 美国威士忌。

辅料：21 ml 甜味美思酒。

制法：在调酒杯中加入冰块，把基酒和辅料倒入，搅匀后滤入鸡尾酒杯，用樱桃装饰。

3. 酸威士忌 Whiskey Sour

基酒：28 ml 美国威士忌。

辅料：28 ml 柠檬汁。19.6 ml 白糖浆。

制法：用摇和滤冰法，把基酒和辅料倒入酸酒杯中，用樱机挂杯边装饰。

4. 白兰地奶露 Brandy Egg Nogg

基酒：28 ml 白兰地。

辅料：112 ml 鲜牛奶；14 ml 白糖浆；1 只鸡蛋。

制法：用搅和法先将半杯碎冰加在搅拌机里，然后将白兰地和辅料都放入，搅拌 10 秒钟后，倒入柯林杯中，在酒液面上撒豆楚粉。

5. 自由古巴 Cuba Libre

基酒：28 ml 白朗姆酒。

制法：用调和法，先倒入基酒，挤一块青柠檬角汁，并把青柠檬角放入柯林杯中，斟满可口可乐，加吸管，不加其他装饰。

6. 黑俄罗斯 Black Russian

基酒：28 ml 伏特加酒。

辅料：21 ml 甘露咖啡酒。

制法：用兑和法，先把冰块放入平底杯中，倒入基酒和辅料，不加任何装饰。（白俄罗斯鸡尾酒只在以上配方中加入 28 ml 淡奶。）

7. 血玛丽 Bloody Mary

基酒：28 ml 伏特加酒。

辅料：112 ml 番茄汁。

制法：用调和法，先倒入基酒和辅料，挤一块柠檬角汁，并把柠檬角放入平底杯中（有的也用果汁杯），加胡椒粉、几滴李派林嗯汁、一滴辣椒油，面上撒西芹菜和盐。用西芹菜棒和柠檬片挂杯装饰。

8. 螺丝起子 Screwdriver

基酒：28 ml 伏特加酒。

辅料：112 ml 橙汁。

制法：用调和法，把基酒和辅料倒入平底杯内，加橙角、樱桃装饰。

9. 天使之吻 Angel Kiss

基酒：21 ml 甘露酒。

辅料：5.6 ml 淡奶。

制法：用兑和法，把基酒倒入餐后甜酒杯中，再把淡奶轻轻倒入，不需搅拌，用酒签穿红樱桃放在杯沿装饰。

10. 雪球 Snow Ball

基酒：42 ml 鸡蛋白兰地酒。

辅料：140 ml 雪碧；红樱桃。

制法：用调和法，把基酒倒入柯林杯，再倒入 85％的雪碧汽水，加红樱桃装饰。

11. 红眼 Red Eyes

基酒：224 ml 生啤酒。

辅料：56 ml 番茄汁。

制法：用调和法，将基酒和辅料倒入啤酒杯（Pilsner）中，不加装饰。

12. 姗蒂 Shandy（Tops）

基酒：140 ml 生啤酒。

辅料：140 ml 雪碧汽水。

制法：用兑和法，把基酒和辅料倒入啤酒杯（Pilsner）中，不加装饰。

13. 枪手 Gunner

基酒：98 ml 羌啤。

辅料：98 ml 干姜汽水。

制法：用调和法，先把三块冰放入柯林杯，滴三滴安哥斯特拉比特酒，然后放入基酒和干姜汽水，最后把扭曲的柠檬皮垂入酒液，橙角、樱桃卡在杯沿装饰。

14. 什锦果宾冶 Fruit Punch

材料：84 ml 橙汁；84 ml 菠萝汁；28 ml 柠檬汁；14 ml 红石榴糖水。

制法：用调和法，先把材料按分量倒入柯林杯，加满雪碧汽水，把橙角、樱桃卡在杯沿装饰。

15. 薄荷宾冶 Mint Punch

基酒：28 ml 绿薄荷酒。

辅料：56 ml 橙汁；56 ml 菠萝汁。

制法：用调和法，把基酒、辅料倒入柯林杯中，最后把橙角、樱桃卡在杯沿，薄荷叶斜放杯中装饰。

16. 波斯猫 Pussy Foot

材料：84 ml 橙汁；56 ml 菠萝汁；9 ml 红石榴糖水；56 ml 雪碧汽水；1 只鸡蛋。

制法：用搅和法，把材料加碎冰全部放入搅拌机搅拌，倒入柯林杯，加橙角、樱桃装饰。

17. 马天尼（干）Dry Martini

基酒：42 ml 金酒。

辅料：4 滴干味美思酒。

制法：用调和滤冰法，把基酒和辅料倒入鸡尾酒杯中，用酒签穿橄榄装饰。

18. 马天尼（甜）Sweet Martini

基酒：42 ml 金酒。

辅料：14 ml 甜味美思酒。

制法：用调和滤冰法，把基酒和辅料倒入鸡尾酒杯中，用酒签穿红樱桃装饰。

19. 红粉佳人 Pink lady

基酒：28 ml 金酒。

辅料：14 ml 柠檬汁；8.4 ml 红石榴汁；8.4 ml 君度酒；0.5 只鸡蛋清。

制法：用调和滤冰法，把基酒和辅料倒入鸡尾酒杯中，用樱桃挂杯装饰。

20. 吉普生 Gibson

基酒：42 ml 金酒。

辅料：2 滴干味美思。

制法：用调和滤冰法，把基酒和辅料倒入鸡尾酒杯中，切一块柠檬皮，扭曲垂入酒中，酒签穿小洋葱装饰。

四、技能实战训练

各小组准备好所需用品，按照讲授课程的要求，对鸡尾酒进行调制。

附录 教学设计

　　教学设计是根据课程标准的要求和教学对象的特点，将教学诸要素有序安排，确定合适的教学方案的设想和计划。

　　教学设计包括教学目标、教学重难点、教学方法、教学步骤与时间分配等环节。

　　教学设计的方法主要有：

　　（1）教学设计要从"为什么学"入手，确定学员的学习需要和学习目标；

　　（2）根据学习目标，进一步确定通过哪些具体的教学内容提升学员的知识与技能、过程与方法、情感态度与价值观，从而满足学员的学习需要，即确定"学什么"；

　　（3）要实现具体的学习目标，使学员掌握教学内容，应采用什么策略，即"如何学"；

　　（4）要对教学的效果进行全面的评价，根据评价的结果对以上各环节进行修改，以促进学员的学习，获得成功的教学。

　　教学设计示例：

前厅部组织设计教学设计

教学题目	前厅部组织设计		
所属学科	酒店管理		
所选教材	《高星级饭店运营与管理专业师资培训教材》		
学　时	1学时	对　象	中职骨干教师

设计摘要

　　以"任务驱动"和"问题解决"为主线，通过教学视频、ppt等手段帮助学员了解前厅部的组织机构设置与主要管理岗位的职责，了解前厅设计和组织机构设置的原则；能够掌握前厅部人际沟通方法和技巧、对内对外沟通的内容。将学员按照分组要求分为若干小组，每组安排一名组长负责。以学员为中心，以教师为导师的教学模式，旨在训练学员独立思考以及团队协调配合的能力，能够为特定酒店进行前厅设计和组织机构设置。

设计特色

　　（1）学员是教学主体，教师作为学习的促进者，引导、监督和评价学员的学习进程，注重学员学习能力的培养。

　　（2）以"任务驱动"和"问题解决"作为学习和研究活动的主线，在相关的有具体意义的情境中确定和教授学习策略与技能。

一、学习目标与任务

（一）学习目标描述

1.知识与技能

★知识目标：（1）认识前厅部在现代饭店经营管理中的基本功能和重要地位；
　　　　　　（2）了解前厅部的组织机构设置与主要管理岗位的职责；
　　　　　　（3）理解前厅设计和组织机构设置的原则。

★技能目标：能画出组织结构图。

★素质目标：培养应变能力、探索精神、团队协作精神和语言表达能力。

2. 过程与手段

采用多媒体课件、网络等信息化手段进行助教和助学，将相关内容通过多种方式传达给学员更多感性的认识，提高学员学习的乐趣和主动性。

（二）学习任务说明

1. 学习形式确定

该内容教学以理论讲解与学员练习相结合，因此，除理论讲解外，以学员为中心，以小组为单位，通过案例分析，学员独立完成特定酒店的前厅设计和组织机构设置。

2. 学习结果描述

对该内容的学习，要求学员在讨论之后，能够独立为特定酒店进行前厅组织机构设置，能够画出组织结构图，并进行说明。

3. 学习重点及难点分析

教学重点：前厅设计和组织机构设置的原则。

教学难点：前厅设计和组织机构设置的原则。

（三）问题设计

在问题的设计中应考虑学员的情况，以学员为主体，教师作为促进者，引导、监督和评价学员的学习进程，使学员的能力得以展示和提升。

如何在教学中引导学员增强专业知识、强化专业能力、打造探索精神、加强团队协作精神及独立能力？只有通过"在解决问题中学习"的方式，才能解决以上问题，所以问题的设计很重要。

在授课的过程中，结合课程性质，学习情况分析，总结出了"边学边做，做中学，学中做"的授课方式，这种教学方法的具体实施如下：学员一边看教师示范动作或讲解理论，一边学习操作规范和设计原则，一边跟在后面自己动手操作，操作过程中可以请教教师，问题弄明白后继续操作练习。这样可以真正达到"理实一体化"和"做中学，学中做"。

二、学员特征分析

学员都是中职院校的专职教师，不管在酒店服务技能还是在管理技能方面都有一定的基础，通过此次培训，他们在星级酒店的服务与管理方面都能获得更多的知识和技能。

三、学习情境创设

1. 学习情境类型

案例情境。

2. 学习情境设计

★问题情境：在教学环节中，创设相应的案例情境，通过对案例分析，有序地启发、引导学员探究、思考和提升。

四、教法、学法设计

1. 创设情境设疑

根据所讲内容，进行典型案例分析，通过提问激发兴趣，引导学员逐步深入学习。

2. 案例教学法

通过典型案例分析，了解前厅设计和组织机构设置的原则，使学员能够举一反三，更形象、更直观地学习。

五、学习活动组织

教学环节	教 师 活 动	学员活动
准备工作 （5分钟）	（1）教师准备本节课所需的物品，比如：教学视频，教学 ppt 等。 （2）学员按照课前要求进行资料的整理，同时协助教师完成上述任务。 （3）[导入新课] 不同类型、规模的酒店前厅部组织机构设置是否一样？具体说说。	思考。 观察，回答问题。 倾听思考。
教师讲解 （10分钟）	（1）[导入] 相关理论知识，不同类型、规模的酒店前厅部组织机构是否一样？ （2）[提问] 会议型酒店前厅部组织机构该如何设置？需要考虑哪些问题？ （3）[教师点拨] 教师将本次课中的一些重要内容配合多媒体课件进行讲解，把抽象、复杂的教学内容变得直观、易于理解。	认真观察； 仔细分析； 热烈讨论； 倾听思考。
教师示范 学员模仿 （20分钟）	根据所讲解内容，通过案例分析，要求学员分组讨论针对不同规模、不同类型的酒店前厅部该如何进行组织机构设置，最后能够独立画出特定酒店的组织结构图，并进行说明。	思考，回答问题。
小组评价 （5分钟）	（1）[导入] 各位同学对照学习任务表，认真填写，重点是组内的互评，说出为什么要给他（她）作出这样的评价。 （2）[提问] 通过这节课的学习，你学会了什么？你发现生活中哪些事情与今天学习到的知识息息相关？你觉得自己能做什么？你感触最深的是什么？	互相评价； 认真思考； 梳理总结。 认真思考； 总结归纳。
学员再模拟 （5分钟）	学员根据小组评价结果，针对特定酒店的组织结构图，进行完善，争取做到最好。	倾听，记录； 积极参与， 积极讨论。
教师总结 （5分钟）	教师对于每一位学员的操作情况进行总结，重点要肯定学员的正面表现，鼓励学员独立思考，灵活解决各种实际问题。	倾听，记录。

六、学习评价设计

1. 测试形式与工具

课堂提问、书面练习、独立及合作完成作品

2. 测试内容

☆ 课前要求学员对相关知识进行预习，通过视频的播放，通过课堂提问掌握学员对新内容的感知程度，引导他们进入新的内容。

☆ 小组合作探究时，组内成员优势互补，互相评价。

☆ 个人独立完成时，鼓励学员各抒己见，相互提问、质疑和评价，在讨论中加深对知识技能的理解，教师作最后的总结性评价。

☆ 布置的课后作业，可以进一步提高学员对知识及技能的掌握能力，激发学员的学习兴趣，用论坛和QQ的形式进行交流，进行开放性评价。

七、教学后记

至此，本堂课的教学目标得以实现。